《芝麻官悟语》续集

芝麻官直言录

一位副市长从政为官的深度思考

王敬瑞 著

中共中央党校出版社

图书在版编目（CIP）数据

芝麻官直言录/王敬瑞著．--北京：中共中央党校出版社，2021.3

ISBN 978-7-5035-6584-7

Ⅰ.①芝… Ⅱ.①王… Ⅲ.①领导学 Ⅳ.①C933

中国版本图书馆 CIP 数据核字（2021）第 030769 号

芝麻官直言录

策划统筹	任丽娜
责任编辑	任丽娜　桑月月
责任印制	陈梦楠
责任校对	马　晶
出版发行	中共中央党校出版社
地　　址	北京市海淀区长春桥路 6 号
电　　话	（010）68922815（总编室）　（010）68922233（发行部）
传　　真	（010）68922814
经　　销	全国新华书店
印　　刷	北京中科印刷有限公司
开　　本	700 毫米×1000 毫米　1/16
字　　数	346 千字
印　　张	22.5
版　　次	2021 年 3 月第 1 版　2021 年 3 月第 1 次印刷
定　　价	62.00 元
网　　址	www.dxcbs.net　邮　箱　zydxcbs2018@163.com
微 信 ID	中共中央党校出版社　新浪微博：@党校出版社

版权所有·侵权必究

如有印装质量问题，请与本社发行部联系调换

序

我的第二本书，2014年在辽宁人民出版社出版，书名叫《芝麻官感言》。近几年来再次做了修改和完善，充实了一些新的内容。这次再版，经过反复推敲，书名改为《芝麻官直言录》。

有个词叫"直言不讳"，意思是说，直截了当地说出来，没有丝毫顾忌。本书以"直言"之名，就是这个意思。书中所有观点都源于我的亲身经历，发自我的内心体会；但并非没有"顾忌"，所有的表述都经过了认真思考，反复进行了斟酌。既直抒胸臆地谈感悟，又要让读者一目了然好理解。就是想通过直接的、真诚的、原生态的方式表达自己对做人、做事、从政的一些心得。具体讲，主要有三个特点：

一是直言自己发现和创新的观点。比如，"每个成功者必然有一段兴奋期"，兴奋期是成功者的进步期。比如，"摩擦助推前进"，汽车没有摩擦不能前进，摩擦使动力通过阻力而起作用。一个人单有进步的动力而没有阻力也不会前进。那么，前进的阻力是什么？就是工作中遇到的困难和问题。战胜困难和解决问题的过程就是一个人前进的过程。

二是直言人性与领导方法的关系。比如，本书提出"三给激励法"，即给面子、给票子、给位子，是基于人性对尊严、物质、地位的需求。又如，提出"差距刺激法"，是基于领导干部"人性"中有"三怕"，即工作进度怕排队，观摩讲评怕揭短，推荐选举怕投票。由于"三怕"触及人的灵魂，所以有效运用"排队、揭短、投票"方法对工作促进很大。再如，"工作有他法"，"他"是特指领导的工作对象和服务对象。我们不论做哪一件事，都要做到心中有"他"，研究

"他"的心理，顺应"他"的本性，找到激励"他"的办法和制约"他"的措施。安排工作，把"他"的责任放进去，"他"才努力干，"他"是工作的动力。开会讲话把"他"关心的事放进去，"他"才认真听，"他"是讲话的磁力。制定政策把"他"的利益放进去，"他"才积极办，"他"是政策的活力。道理很简单，事不关己（他），高高挂起。

三是直言自己从政最深刻的体会。比如，从政必须严于律己，我提出了做人、做事、从政要牢记"画圈压边"法。什么事能办，什么事不能办；什么人能用，什么人不能用；什么友能交，什么友不能交，自己首先要画个圈。即便想办的事、想用的人、想交的友也必须压住圈的边，圈边就是原则底线，这条底线万万不能超越。书中提出"事业成功有三大规律"，即"命运自控规律"，自己的命运自己掌控，命运掌握在自己手里，如果自己混的不如人，千万不要怨天尤人；"熟能生巧规律"，勤补拙，熟生巧，任何事情要想做到极致，必须要有无数遍的重复过程，付出艰辛的劳动，甚至付出痛苦的代价；"人心交换规律"，人心换人心，八两换半斤，打扰换友谊，麻烦换感情，吃亏换真心，忍耐换信任。"三大规律"充分证明了个人努力、反复实践、人际关系的重要性。

在我看来，直言是种品德。实话实说，直来直去，不说假话，不讲套话，不卖关子，不赶时髦；直言是种境界，把自己一辈子积累的经验教训，毫不保留地奉献给社会，奉献给年轻干部；直言是种担当，敢想敢说，敢作敢为。人常说，在商言商，在官不言官。但我认为领导工作必然有一定规律，做好工作必然有一套方法，领导修为必然有一些途径。我愿意去探讨、去思索、去提炼、去总结，然后分享给大家。

写书敢于直言，主要因为我坚信实事求是永远没有错，坚信实践是检验真理的唯一标准，坚信求真务实是领导干部的基本品格。

拙文写在出版之前，以飨读者。

作者于山西阳泉

二〇二一年三月

目　　录

第一篇　成功杂谈篇

舍得的"三种感觉" …………………………………… 003
舍得的"三个公式" …………………………………… 005
舍得的"三个原理" …………………………………… 007
机遇是"天时" ………………………………………… 009
机遇像"怪人" ………………………………………… 011
机遇如"鸡鱼" ………………………………………… 013
事业兴奋期 …………………………………………… 015
摩擦助推前进 ………………………………………… 018
成长规律、扎根期 …………………………………… 020
克服困难的过程是前进的过程 ……………………… 022
规律三则 ……………………………………………… 024
干部与大树成长规律 ………………………………… 026
不得不信的铁律 ……………………………………… 028
实践是一本"无字书" ………………………………… 032
"四商"是成功的智慧 ………………………………… 034
自己"有用"才是硬道理 ……………………………… 036
"三有"成功要素 ……………………………………… 038

天不下雨地之过……………………………………………… 040
想进步就必须有进步的冲动……………………………… 042
从政资本在于积累………………………………………… 044
掌声是种心声……………………………………………… 046

第二篇　方法杂谈篇

带兵须带心………………………………………………… 051
"兑倒"变通法…………………………………………… 053
"六字"落实法…………………………………………… 055
干不好怎么办……………………………………………… 057
提高效率法………………………………………………… 059
制定政策的原则…………………………………………… 061
把"我"放进去…………………………………………… 063
"距离"工作法…………………………………………… 065
要善于制造"矛盾"……………………………………… 067
领导学中的加减乘除……………………………………… 069
学会简单，不简单………………………………………… 071
一件事只能一个人负责…………………………………… 073
如何与人处好关系………………………………………… 075
怎样才能少惹人…………………………………………… 077
行动"说"的是真话……………………………………… 079
领导如车，没功力就执不住……………………………… 081

第三篇　勤廉杂谈篇

官场的懒马效应…………………………………………… 085

| 目　录 |

犁地的牛挨鞭打 ………………………………………… 087

社会呼唤实干家 ………………………………………… 089

把权力作为做事的杠杆 ………………………………… 091

自己说了算，为啥咱不干 ……………………………… 093

要干事就会有"不是" …………………………………… 095

你是做官的官，还是做事的官 ………………………… 097

一条灵魂原则 …………………………………………… 099

从政安全之要 …………………………………………… 101

转身空间论 ……………………………………………… 103

抗腐全靠自我定力 ……………………………………… 105

人自身有监督机制 ……………………………………… 107

头上自有"三重天" ……………………………………… 109

深触灵魂的地方 ………………………………………… 111

有权就有鬼跟来 ………………………………………… 113

用人腐败是"烂心"的腐败 ……………………………… 115

前进路上知拐弯 ………………………………………… 117

将军赶路不撵兔 ………………………………………… 119

做官一阵子，做人一辈子 ……………………………… 121

第四篇　修养杂谈篇

"椅"和你 ………………………………………………… 125

三则深刻道理 …………………………………………… 128

从政"三硬" ……………………………………………… 130

从政"三敢" ……………………………………………… 132

从政"三害" ……………………………………………… 134

从政"三道坎" …………………………………………… 136

无我才有我……………………………………………… 138
尊重别人就是尊重自己………………………………… 140
炫耀是大忌……………………………………………… 142
把恩人常挂在心上……………………………………… 144
干部队伍中的"狼"…………………………………… 146
垒墙不要圆石头………………………………………… 148
说真话的都是亲人……………………………………… 150
回头看是一种智慧……………………………………… 152
动静错觉引起的误解…………………………………… 154
怒气来临时请忍十分钟………………………………… 156
日月告诉我们什么……………………………………… 158
有一种幸福叫放手……………………………………… 160

第五篇　从政杂谈篇

班子中有两个"场"…………………………………… 165
钢筋水泥团结论………………………………………… 167
班子团结"三要素"…………………………………… 169
"训人"的学问………………………………………… 171
从政的"三大纪律，八项注意"……………………… 173
官场不喜欢三种人……………………………………… 175
没水平的三类官员……………………………………… 177
四种领导不被尊重……………………………………… 179
下级喜欢什么样的领导………………………………… 181
领导喜欢什么样的下级………………………………… 183
与领导相处有"四忌"………………………………… 185
百姓看干部主要看"三条"…………………………… 187

主要领导要记住"三句话" ……………………………… 189
正职要做到"三条" ………………………………………… 191
副职要做到"三条" ………………………………………… 193
新官为什么不理旧事 ……………………………………… 195
后任如何接前任 …………………………………………… 197

外一篇　感悟做人

做官先做人 ………………………………………………… 201
靠谁也不如靠自己 ………………………………………… 203
理想从来不会挑剔一个人的出身 ………………………… 205
好人品是一个人的最好风水 ……………………………… 206
厚德，是一个人最硬的底牌 ……………………………… 208
我是"黄土"不是"金" …………………………………… 209
成功者在忌妒中成长 ……………………………………… 211
慎言，也是一种修养 ……………………………………… 213
人际关系的黄金定律 ……………………………………… 215
为人处世的窍门 …………………………………………… 217
真正的目明是能透视心灵 ………………………………… 219
自己选择的朋友都是亲人 ………………………………… 220
人生只求半称心 …………………………………………… 221
胸宽才能路宽 ……………………………………………… 223
冷热如是观 ………………………………………………… 224
放下伤痛需要时间 ………………………………………… 225
少生气，多争气 …………………………………………… 226
人生的稀缺资源 …………………………………………… 227
四个故事给人的启示 ……………………………………… 228

健康与豁达的人相伴……………………………………………… 230

外二篇　感悟做事

成功要旨……………………………………………………………… 235
一勤天下成万事……………………………………………………… 237
你若浮躁，一生无聊………………………………………………… 239
你说你行你就行……………………………………………………… 241
人必须有那么一股劲………………………………………………… 243
通向成功的路都有弯路……………………………………………… 244
吃苦是福……………………………………………………………… 245
选择比天赋重要……………………………………………………… 246
好汉来自一线………………………………………………………… 247
万丈高楼靠的是基础………………………………………………… 248
急事一定要慢下手…………………………………………………… 249
小事不为也是工作方法……………………………………………… 251
恰到好处是最高的思想境界………………………………………… 252
悟性是人的最大智慧………………………………………………… 253
要做事就必须惹人…………………………………………………… 255
群众最恨"三拍"干部……………………………………………… 256
喊破嗓子，不如甩开膀子…………………………………………… 257
不得不注意的几件事………………………………………………… 258
败而不死的黄金法则………………………………………………… 259
批评是成长中必尝的滋味…………………………………………… 260
团结意味着放弃和付出……………………………………………… 261
再难也要实事求是…………………………………………………… 263

外三篇　感悟从政

工作"三段论" ··· 267
"三三"奖惩法 ··· 269
调查研究是领导的第一要务 ································· 270
深度思考才能看到问题本质 ································· 272
顺着人性找办法 ·· 274
敢于放权，人心自来 ·· 276
领导艺术的关键在平衡关系 ································· 277
领导能力主要看决策能力 ···································· 279
不能忽视的几个问题 ·· 281
到新岗位要少说话慎表态 ···································· 283
应该注意的几个问题 ·· 284
从政复杂在背后 ·· 285
怎样应对小人 ··· 286
三观不同何必强融 ··· 287
真觉得自己是公仆，你就跳出了做官的境界 ·········· 288
从心底里把百姓放在第一位 ································· 289
民心似杆秤，轻重由他定 ···································· 290
从政"三问" ··· 291
人作乱是钱作乱 ·· 292
心中没有灯，脚下全是坑 ···································· 294
名不过求，利不过贪 ·· 296
金钱是一座山 ··· 297
没有私心才能赢得人心 ······································· 298
选择了领导岗位就选择了责任 ······························ 299

如何选人用人	301
用人不当，责任难当	303
人才有用不好用	304
如何判断一个领导是否正派	305
怎样与下级相处	306
威望是从政多年德才的积累	308
常见的官场病	309
当领导很难听到真话	310
怎样书写讲稿	312
人们为什么爱听即兴讲话	313
讲话应注意哪些问题	314
会风直接体现领导作风	316
规律是块铁，谁碰谁流血	318

附 录 精品选编

一、为政的三大规律	323
二、十种工作方法和思想方法	325
三、从头到脚说领导	330
四、悟语择录	337
后 记	343

第一篇
成功杂谈篇

| 第一篇　成功杂谈篇 |

舍得的"三种感觉"

悟舍得（一）

舍得通常有三种感觉：苦的感觉，累的感觉，疼的感觉。如果没有这些感觉，就不叫舍得。

关于"苦、累、疼"三种感觉，早在两千多年前孟子就已经讲了。孟子曰："故天将降大任于斯人也，必先苦其心志，劳其筋骨，饿其体肤，空乏其身，行拂乱其所为，所以动心忍性，曾益其所不能。"

从古至今，人若没有"苦、累、疼"这三种感觉，就难以担当大任。

第一，苦的感觉。一是心苦，二是辛苦。

心苦，就是心里经受的煎熬和痛苦。比如，吃亏、受欺、受辱、受谤等。

辛苦，是指一种艰难的付出。俗话说，世上活路三行苦，砍柴、打铁、磨豆腐。在工作中，到艰苦的地方和复杂的环境中去磨砺就是一种苦。

人不仅要吃粮、吃菜、吃肉，还要吃亏、吃苦、吃气。粮、菜、肉、亏、苦、气都是一个人成长离不开的营养。

第二，累的感觉。一是心累，二是身累。

心累，就是指付出心血。从政需要有强烈的事业心、责任心，人们为创新工作思路、化解复杂矛盾、平衡各种关系绞尽脑汁、操心谋事，因此常常会感到憔悴不堪。

身累，就是指付出劳动，在工作中苦干、实干、拼命干，能挑100斤，不担99斤；不顾家、不贪玩，经常废寝忘食，"白加黑""5＋2"超负荷工作。

累就是指在工作中劳心、劳身，常有身心疲惫之感。

第三，疼的感觉。一是心疼，二是头疼。

心疼，就是舍得付出钱财。常言道，除了挨刀疼，就是掏钱疼。人不管钱多钱少，只要超出自己的承受能力，往外掏钱就会感到心疼。对领导干部来讲，舍得钱财既体现他的境界觉悟，又体现他的大方宽厚。比如，无私奉献的社会捐助，慷慨解囊的为民解忧，毫不吝啬的为人处世，等等。

头疼，就是在工作中为碰到难事和棘手事而感到头疼。比如，遇到难以处置的钉子户拆迁、群体上访和重大安全死亡事故，等等。

舍得主要包括舍得付出、舍得吃亏、舍得奉献三个方面。"舍得付出"则包含付出辛苦、付出时间、付出精力、付出情感、付出钱财，等等；"舍得吃亏"则包含身心吃亏、利益吃亏，等等；"舍得奉献"则包含精神奉献、物质奉献，等等。

舍得的"三个公式"

悟舍得（二）

仔细琢磨，舍得有三个公式：顺序公式、交换公式、比例公式。只要读懂这些公式，你就读懂了人生，读懂了成功。

第一，舍得的顺序公式。舍得，舍得，先舍后得，这是舍与得的顺序，不能颠倒。比如，春种、夏锄、秋收、冬藏。人生也是如此，学习成长、劳动创业、获取成功、颐享天年。有些人在年轻时游手好闲，不想付出，总想不劳而获，结果到老一无所获，原因是他颠倒了舍得这个顺序，违背了先舍后得这个规律。

第二，舍得的交换公式。"舍不得"等于不得。有舍有得，不舍不得。舍和得是交换关系。"舍不得"是人性的弱点，优胜劣汰就淘汰了一批舍不得的"小气鬼"。天上不会掉馅饼，你到饭店吃饭，但不想掏钱，你只能饿着肚子走出店门；你到商场买衣服，你舍不得花钱，售货员不会白白送你衣服。

第三，舍得的比例公式。舍得不是舍一得一、舍二得二，而是舍的越多，得的更多。舍是代数级增长，1、2、3、4、5、6、7……得是几何级增长，2、4、8、16、32、64、128……

"种瓜得瓜，种豆得豆；种豆一把，收豆一筐"，星云大师说，种一收十，种十收百，种百可以结果千千万。舍得一切就有可能会得到无限量。

亚洲巨商李嘉诚说，有钱大家赚，利润大家分，这样才有人愿意合作。赚钱后假如自己拿10％的利润是公正的，拿11％也能说得过去，但是如果选择只拿9％，财源就会滚滚来。虽然他在当时舍去了1％或者2％的利润，却赢得了更多的合作伙伴，得到了更大的经济利益。李嘉诚的经营观念与众不同，与人合作追求的不是多得，而是多舍，事实上他舍的越多，得的越多，这就是他成为亚洲巨商的成功经验。小胜靠智，大胜靠德，厚积薄发，气势如虹。只懂追逐利润，是常人所为；更懂分享利润，是超人所作。

"舍的越多，得的越多"，是一般人读不懂的密码公式，如果你读不懂，那么你只能是常人的小舍小得。

舍得看似简单，实际上非常深奥，需要实践解读、悟性解读、智慧解读，需要我们认真地研究和探讨。

人生一辈子都在解一道题，就是舍得之题。人人都在找正确的运算公式，只要你弄懂了，解对了，得分就高，就成功；弄不懂、解错了，就少得分或不得分。

舍得的"三个原理"

悟舍得（三）

舍得有三个基本原理：一是"量变质变"原理；二是"循环往复"原理；三是"木桶短板"原理。

第一，舍与得是"量变质变"的过程。舍，要长期坚持不懈；得，却不能急于求成。舍得付出、舍得吃亏、舍得奉献要长期坚持，而不是一时一事的付出、一时一事的吃亏、一时一事的奉献。舍得的特点是：付出到一定程度，才会得到相应的回报。舍是一个过程，得是一种结果。比如，农民种田，他们要经过春种、夏锄的长期过程才能盼来秋天的丰收。庄稼从播种到成长，再到成熟需要半年，但收获可能只需半天。急于求成，拔苗助长，欲速则不达。对一个领导干部来说，知识有个积累过程，能力有个锻炼过程，政绩有个叠加过程，群众有个认可过程。如果人为地想缩短这个过程，基础就不牢，显得浮躁。这个基本功不扎实，就做不好领导。

第二，舍与得具有"循环往复"的特性。人的一生往往是不断地舍，不断地得，得到后又不断地舍，舍去后又不断地得。百年人生，就是一舍一得的不断重复。舍得的特点是：舍，是阶段性回报；得，不会一次性满足。人只有不断地付出，不断地得到，才能做到不断前进、不断进取。实现一个目标，再向更高的目标奋斗；不断地满足，不断地奋斗，这是人发展进步的基本轨迹。人不可能奋斗一阵子，就满足一辈子，如果是这样，人就失去了进步的动力，社会就失去了发展的活力。

第三，舍与得有"木桶短板"的效应。一桶水的多少，取决于最短的那条木板。舍得有"三条板"，即舍得付出，舍得吃亏，舍得奉献。如果三条"舍得板"都长，就会"长舍长得"；反之，三条"舍得板"都短，就会"短舍短得"；如果三条"舍得板"其中有一条短，就会影响到另外两条长板，甚至影响到你的一生。比如，性格影响仕途，即使你付出很多、奉献很多，但是脾气、性格不好，修养不到，受不了气，吃不得亏，上下左右的社会关系处理不好，也注定要影响你的前程。

一个人的成功是个复杂的系统工程。"量变质变"原理、"循环往复"原理、"木桶短板"原理都揭示了舍得的基本规律。只有认清规律、遵循规律才能取得圆满成功。

舍得是一种境界。没有欲求的舍，不想回报的舍，往往会有一种意想不到的得。以得为前提的舍最后是小得，以不得为前提的舍最后是大得。

舍得是一种品德。慷慨解囊、吃亏付出、无私奉献，都是一个人舍得折射出的品德。

舍得是一种智慧。舍得有着深刻的人生哲理，它不仅仅是字面上简单的舍与得。只有成功人士才能体味到舍得的真谛，读懂舍得就找到了通向成功的捷径。

机遇是"天时"

悟机遇(一)

人们把机遇看得很神秘,根本弄不清什么是机遇,事实上机遇就是"天时",而"地利"和"人和",就是抓住机遇的重要条件。

"天时、地利、人和"是孟子提出的攻城战略,我们借用孟子的攻城战略来认识机遇和解释机遇。

机遇是"天时","天时"有三大要素:时、运、势。

时,是指机遇的时效性。机遇是有时效的。什么时候来,什么时候走,它有特定的时效。机不可失,时不再来。人生的道路虽然漫长,但紧要处常常只有几步,特别是人年轻的时候。

运,是指机遇的偶然性。某一年某一天,某件突然想不到的好事就落在了你的头上。上级的某种选择,你正好符合条件被选中,你的努力恰好碰上一种崇高荣誉或优厚待遇。苍天不负有心人。一生中,你只要付出极大的努力,就有可能得到意想不到的回报,偶然中有必然。

势,是指机遇的特定性。势主要讲政策优势和个人优势。就是政策中所规定的特定性。比如,选拔干部你有被选的范围优势、条件优势,以及你本人特有的年龄优势、学历优势、性别优势、党派优势,等等。如果你有组织要求的特定优势，在同等条件下，你就有可能抓住机遇。

地利、人和是抓机遇的重要条件。

地利，主要讲你所处的任职位置和任职单位。选择有时大于努力，年轻时期起步，一定要选择好职业和努力方向，方向不在主渠道，开奔驰也到达不了目的地。地利条件告诉我们，不要一直向上看，升什么高位，而首先应该向左看、向右看，争取找个同级的重要位置，开始时或许会走点弯路，但最终不一定落后。重要位置、重要单位往往与自己的前途进步有极大关系。

人和，就是看你上下左右的人际关系。天时不如地利，地利不如人和，人不和，苍天也无奈。做到人和必须有"三气"，即接"地气"、感"天气"、旺"人气"。接百姓之气、感上级之气、旺同级之气。当机遇来临时，如果你有良好的人际关系，抓住机遇就具备了一定条件。

天时是客观的，自己无法控制，但地利、人和是可控的，自己可以把握。地不利，我们可以争取调整工作单位，占领有利位置，为抓机遇准备条件。人不和，先从自身找原因。上不和，是方法问题、性格问题，还是工作问题，找到问题就要完善自己，让上级欣赏自己、肯定自己；中不和，是嫉妒问题、合作问题，还是为人问题，如果自己有问题就要改变自己，让同级认可自己、支持自己；下不和，是作风问题、态度问题，还是能力问题，如果有问题就要修正自己，让下级承认自己、拥护自己。

机遇像"怪人"

悟机遇（二）

机遇就像一个怪人，脸前披头散发，后脑光头没毛，来时看不清，走时抓不住。也有人说，机遇是小偷，来时悄无声息，走后损失惨重。

为什么我们看不清机遇？

第一，知识阅历太浅。老马识途，经验就是慧眼。由于年轻人的经历有限，眼力有限，机遇在眼前走过，他们往往看不见。待过了几年甚至几十年后，回过头来看才知道是错过了机遇，但人的进步关键就在年轻时期那几步，一步赶不上，步步赶不上，所以有眼力才能认清机遇。

第二，机遇风险难辨。机遇和风险往往结伴而行，但多数是风险掩盖了机遇，人们看风险多，想机遇少，总认为机遇还会再来，等一等，看一看，一等一看，机遇过去了。在机遇和风险面前，这种既想抓机遇又怕担风险的矛盾心理经常让机遇稍纵即逝。机遇就这么怪，你越怕就越难以看清，所以有胆识才能抓住机遇。

第三，粗心大意忽略。机遇是不引人注目的过客，茫茫人海中，你稍不留心就会错过光顾你的"贵客"。忽略掉的机遇太可惜，有些机遇自己看得清楚，但没有去努力，总觉得可以唾手可得，反而由于自己的大意而错过。本来不费多大力气能到手的东西，但错过以后，想再找回来，即使付出再多努力也追不回来。

怎样才能看清机遇？

第一，要借助"望远镜"。通过"望远镜"望一望机遇离自己有多远，预测机遇什么时候能来，以便提前做好各项准备。

第二，要借助"放大镜"。有些机遇靠自己的眼力看不清、看不透，什么是机遇，什么不是机遇，我们通过"放大镜"可以明显地去识别。

第三，要借助"显微镜"。人生中有很多机遇，但有些机遇尚未显现，处于胚芽状态，小得看不见，我们只有通过"显微镜"才能看到、找到。我们不能小看小机遇，人生中有时抓住了一次小机遇或许能成就将来的大气候。

这里的"望远镜""放大镜""显微镜"不是指工具，而是指具有预测力（看远）、鉴别力（看清）、洞察力（看细）的高人，是帮助我们策划人生、规划前程的领导和同事，也就是我们常说指点迷津的高人。人常说，你能走多远，看谁来指点。人人都有眼睛，但能看到机遇、看准机遇、看透机遇的人并不多。看清机遇要靠眼力。这种眼力是多年的经验和智慧积累起来的"判断力""分析力"，不是人人具备的。

策划和规划人生前程，是对自己梦想目标的预测和定位，是绘制自己奋斗发展的蓝图。我们不少人每天忙于工作，埋头苦干，但在策划自己的人生、规划个人的前程上没有动脑筋、费精力、下辛苦，甚至有的人不懂人生，只是瞎人骑瞎马，走到哪儿算哪儿，总想靠组织、等机遇或者碰运气，结果不少机遇与他擦肩而过，本来是自己的机遇却白白丢掉。

机遇如"鸡鱼"

悟机遇（三）

机遇就像一盘"鸡鱼"，饥肠辘辘的人碰到有限的鸡鱼，必须抢，不抢就吃不到。即便是你的鸡鱼，不抢也有可能被别人抢走。

说到机遇，人们往往要加一个"抢"字，因为在人的一生中，发展的机遇来得非常少，而留滞的时间又非常短，所以，在机遇面前人们都会不失时机地抢。在政界，抢抓机遇必须具备三条：一是有实力，二是肯努力，三是会借力。

第一，有实力。实力是政绩。政绩就是为人民群众办的好事和惠及百姓的实事，并且这些事百姓能看得到、摸得着，能掰着指头数得清。政绩越多，实力越强。

实力是口碑。天上有多少星星，地上有多少眼睛，每个领导者工作干不干、自身净不净，德行好不好，百姓心知肚明，看得最清，而且会口口相传。口碑越好，实力越强。

实力是资本。年龄是资本，文凭学识是资本，这些资本只要优越于人，当然实力就强。

一个人有显著的政绩，有良好的口碑，再有优越的资本，就具备了抢抓机遇的实力。

第二，肯努力。我们要努力分析判断机遇来的时间。只有知道机遇来的时间，才能迅速做好或提前做好抓机遇的各项准备，不因机遇来后措手不及而错过机遇。

我们要努力把握自己的机遇。有些机遇本来是属于自己的，但自己意识不到，我们要想把握机遇，自己必须要有强烈的争取意识，必须要有抢抓机遇的积极性和主动性。机遇一般等不来，运气一般碰不上。

我们要努力解决在抓机遇中碰到的困难和问题。抓机遇不会一帆风顺，我们常常会遇到许多困难和问题，克服困难、解决问题需要一定的付出。

第三，会借力。在抢抓机遇中，我们还要善于借力，借力主要是借别人之力。实事求是地讲，如果有良好的社会关系，借关系之力更容易抢抓到机遇。但借关系之力也必须自己具备应有的实力。如果自己没有实力，只是绞尽脑汁找关系，削尖脑袋往上钻，单凭关系之力抓机遇，这样就会败坏社会风气，破坏公平竞争，扰乱官场秩序，自己也会因能力不足而疲惫不堪。故我们不做也要坚决反对这种投机钻营的"借力者"。

事业兴奋期

人生有成长期,有成熟期,还有更年期和衰老期。但作为成功人士,人生必然会有一段事业的兴奋期。事业兴奋期有长有短,兴奋期越长,事业越成功。

"明天还得干"是职业,"明天还想干"是事业。一个人只有对事业充满激情,充满憧憬,充满渴求,才会有进步的冲动,才会迎难而上,奋发有为。

有事业兴奋期的人生是辉煌的人生。兴奋是一种连自己都抑制不住的精神力量,是发自内心深处的动力,是一种激情。这种激情不仅燃烧自己,而且感染别人。兴奋期是指对事业的长期着迷、执着追求。人若兴奋起来,不用别人催,不用别人撵,自己就特别想干某件事,而且干得特别有兴趣,特别有劲头,朝斯夕斯,不知疲倦,长期处于一种亢奋状态。工作狂就是兴奋的体现。无数事实证明:事业兴奋期是事业成功的必然过程。

陈景润是我国著名的数学家,在攻克哥德巴赫猜想方面作出了重大贡献,创立了著名的"陈氏定理"。他有着超人的勤奋和顽强的毅力,多年来孜孜不倦、废寝忘食、专注数学专业,每天工作在12个小时以上。有一天,陈景润在吃中午饭的时候,摸摸脑袋发现头发太长了,应该去理一理,要不,人家看见了,还当他是个大姑娘呢。于是,他放下饭碗,就跑到理发店去了。理发店里人很多,大家挨着次序理发。陈景润拿的牌子是38号,他想,轮到我还早,时间是多么宝贵啊,我可不能白白浪费掉。他赶忙走出理发店,找了个安静的地方坐下来,然后从口袋里掏出个小本子，背起外文生字表。他背了一会儿，忽然想起上午读外文的时候，有个地方没看懂。不懂的东西，一定要把它弄懂。这是陈景润的性格。他看了看表，才十二点半。他想，先到图书馆去查一查，再回来理发也来得及，于是站起来就走了。谁知道，他走了没多久，就轮到他理发了。理发员大声地叫："38号！谁是38号？快来理发！"你想想，陈景润正在图书馆里看书，他能听见理发员喊38号吗？陈景润致力数学研究近40年，经历了长期的事业兴奋期。这就是陈景润忘我工作兴奋的一天。

在长时间的兴奋期内，还有一段极度兴奋期，也就是一个人成长的机遇期，或者说是厚积薄发的快速成长期。这个时期，短的有三五年，长的有十几年。极度兴奋期的特点是：工作干得风生水起，轰轰烈烈，成绩显著，备受各方关注，自己苦不觉、累不觉，甚至有病也不觉，好像打了"鸡血"，工作兴奋潮一浪高过一浪，想停都停不下来。这几年好像机会只属于你，别人想挡都挡不住，三年左右上一个台阶，有的人甚至几年连上几个台阶。

没有事业兴奋期的人生是平庸的人生。著名哲学家冯友兰称，人生境界可分为四种：自然境界、功利境界、道德境界和天地境界。自然境界的人，天性顺其自然，既无宏伟目标，也无远大理想，他们按社会风俗和日常习惯"日出而作，日落而息"，日复一日，年复一年，去做事、去生活。自然境界的人，一生中往往没有出人头地的事业兴奋期。

中断事业兴奋期的人生是失败的人生。一个人的成功必须有"三力"，即有超乎寻常的智力、有坚守目标的定力，更重要的是有与常人不一般的耐力。仔细分析有些人中断兴奋期的原因，多数是缺乏定力和耐力，在前进路上经不起困难的磨砺和挫折的考验。此外，由于受社会不良风气的影响，有的人价值观、权力观发生扭曲，兴奋点不在事业上，而全转移到了升官发财上。他们把精力用在寻捷径、拉关系上，虽也能"风光"一时，但随着社会的进步和制度的完善，他们将会逐步被社会淘汰，从而远离政治舞台。

要想成功，就需要唤起兴奋点，形成兴奋期。

梦想能引起兴奋。一切活动家都是梦想家。一个人，不怕一无所有，就怕没有梦想。不想当将军的士兵，不是好士兵。梦想是一种人生的渴望，让人兴奋，给人力量。只要找到现实支撑，梦想就是理想，一个不断追梦的人，就会有兴奋期，就会一步步走向成功。

兴趣能引起兴奋。一个人能对某件事兴趣浓厚，那么在做这件事的时候就会兴奋。兴趣是最好的老师，兴趣所在，使人不知疲倦，不怕困难，产生追求的快乐。热爱是最好的生活，一个人能够把兴趣和职业相结合，干一辈子自己喜欢干的事情，是一种幸福。所以，找到长远的兴趣，就会出现兴奋期，就会走向成功之路。

成就感能引起兴奋。人都有自我实现的愿望，成就感是人们心理上的一种快乐享受。不断实现自我价值，展现自我能力，提高自我地位，扩大自我影响，会使人保持较长的兴奋期。所以，教育干部和教育学生一样，培养别人和自我成长一样，都需要找到兴奋点，积累正能量，产生内动力。

摩擦助推前进

人们往往躲避困难，回避问题，殊不知，在克服困难和解决问题的过程中，产生的种种摩擦，正是推动我们前进的强大力量。

从物理学的角度讲，摩擦使动力和阻力相互作用。没有摩擦，生活中有许多事情不可想象：人走在冰面上，因为没有足够的摩擦难以行走；早上醒来，如果没有摩擦，我们就不能从床上爬起；一日三餐，如果没有摩擦，我们就拿不起筷子，夹不起食物。如此种种，摩擦的作用可见一斑。

摩擦助推前进。为什么汽车在冰上无法快速前进？为什么下雪天汽车轮胎上要上防滑链？为什么汽车轮胎上要专门制造凹凸胎纹？因为汽车快速行驶光靠自身动力不行，还必须要有小于它动力的阻力。只有自身动力和路面阻力相互作用，才能推动汽车快速前进。同理，在社会生活中，一个人如果只有进步的动力，而缺少摩擦阻力，同样也不会进步。那么一个人进步的阻力是什么？就是我们工作中常碰到的困难和问题。在前进的道路上，困难、问题这些阻力的存在是绝对的，是不以人的意志为转移的。一个人要进步，谁都绕不开困难和问题。只有我们要求进步的主动性、积极性与工作中的困难和问题相互作用，才能推动我们不断进步。

找到事物运动的规律以后，我们必须认识和解决两个问题。

第一，正确对待困难和问题。我们已经认识到困难和问题是我们工作前进和个人进步的必要条件,也就是说,工作要发展,个人要进步,离不开困难和问题的摩擦助推。那么,困难和问题就不是什么拦路虎,也不是什么绊脚石,而是我们工作前进和个人进步离不开的要素。我们过去之所以怕困难、躲问题,是因为我们没有认识到困难和问题在我们工作前进和个人进步中的作用。既然如此,我们就要正确认识困难,正确面对问题,不但不与之对立,而要以一种积极主动的态度对待它,以认真务实的作风解决它。

第二,主动寻找困难和问题。我们到一个地方工作,热情高涨,总想施展自己的抱负推动各项工作快速前进,总是迫不及待地寻找阻碍本地发展的问题,只有找到问题,才能找到前进的突破口。寻找和解决问题,必然会遇到困难。困难往往跟着问题走,哪里有问题,哪里就有困难。必须认识到:克服困难、解决问题的过程,就是推动我们工作不断发展前进的过程,这是一条基本规律。个人进步也是如此,当自身文化水平成为问题时,就必须加强学习,提高自己;当自身经验不足成为问题时,就必须深入基层,认真实践;当工作漂浮成为问题时,就必须说到做到,真抓实干。在解决问题的同时,也往往伴随着一定的困难,克服困难还必须有毅力、有决心、有办法。当这些问题解决了,困难克服了,我们也就进步了,这是一个人成长的基本轨迹。

成长规律、扎根期

每个优秀的干部,都有一段沉默的时光,虽然在这段时光中付出了很多努力,却看不到自己想要的结果,这就是扎根期的特点。扎根时期,成绩不会显著,名声不会显赫。但万事俱备,只欠东风。只要遇上有施展才华和抱负的重要机遇,在基层积蓄的能量就会骤然释放,个人进步就会加速,犹如花朵怒放,任何人都阻挡不了。有头脑的人,有准备的人,一定懂得"扎根"的道理。

据说,在非洲草原上有一种"尖毛草",在最初六个月的光阴里,它几乎是草原上最矮的草,人们甚至无法用肉眼观察到它的生长。但半年过后,经过一场大雨的浇灌,大片的尖毛草就像被施了魔法一样每天都在疯狂地生长。最后,在短短几天内,它就会窜到两米多高,形成一堵"凭空出现"的墙。整个过程无比震撼。后来经科学家研究发现,原来尖毛草早已用了整整六个月的时间去扎根土壤。

它不动声色地为自己积蓄力量,只为等待一场大雨的降临。而大多数人往往只见证了它疯狂生长的过程,至于它如何扎根土壤,如何抵抗自然灾害,却一概不知。有人说,使唐僧成为唐僧的,不是经书,而是取经的那条路。行走在人世间,哪有什么捷径可言,就像这暗中使劲的尖毛草,当你破土而出时就会明白,平步青云总是侥幸,厚积薄发方为正道。所谓的成功和奇迹,追根溯源不过都是通过脚踏实地的努力和锲而不舍的坚持得来的。

扎根就必须下基层。基层象征大地,根必须扎在泥土中才能汲取营养。扎根期是"墩苗期"。墩苗是为了壮苗，是为了自己积蓄能量。青年干部由于阅历浅，各方面都显得嫩弱，需要在基层培养锻炼一段时间。扎根期是"摔打期"。摔打是为了磨砺意志。基层生活条件艰苦工作环境繁杂，很锻炼人。在那里经经风雨见见世面，有利于干部成长。扎根期是"练手期"。练手是为了提高本领。扎根期是"夯基期"。夯基是为了打牢基础，基础稳固才能建起高楼。人生路很长，趁年轻吃点苦，流点汗，非常值得。打好基础很重要，有了坚实的"铁肩"基础，就不怕日后的千斤重担。扎根期是"积累期"。积累是为了丰富自己。到基层摸爬滚打，既有成功经验，又有失败教训；经验宝贵，教训同样宝贵。在基层经受失败并不是坏事，失败是成功之母。将来到什么地方，干什么工作，做什么决策，只要想到既往的失败和教训，就会猛然警醒，就会谨言慎行，就会如履薄冰，就不会脱离实际，就能做到实事求是，尊重客观规律。基层小事多，具体事多，麻烦事多，我们从小事做起，有了做小事的能力，将来做大事才能找到头绪。"天下大事，必作于细，必作于易"，后来的得心应手和挥洒自如，往往来自过去亲力亲为的习惯和作风。

扎根需要时间。到基层锻炼至少要有八年至十年的时间。时间太短扎不深根。下基层两三年只能叫镀金。时间短遇到的问题少，困难少，经验教训也少，像做饭一样，时间不够，火候不到，容易半生不熟。下基层不仅身要下去，心也要下去，真正要把心安下来。刚下去觉得是种煎熬，但只要与群众打成一片，与群众有了感情，就觉得是一种快乐，就是人们说的，苦着累着快乐着。到基层时间短很难被群众接纳，接地气并不是人们想象的那么简单。机关刚下去的干部与基层还是两张皮，一是工作不熟悉，难以下手，不知从何做起；二是与百姓没感情，难以融入百姓之中。机关长期养成的眼高手低、高谈阔论的毛病，只有生活在群众之中才能逐步克服。到基层与老百姓建立感情很重要，有感情工作才不会脱离群众，有感情才会时刻想着百姓疾苦，有感情才能一心扑在工作上，全心全意为人民服务。

在这个世界上，有的人很浮躁，很幼稚，只想开花，不想扎根；只想收获，不想耕耘。试问，天下有这种便宜事吗？

克服困难的过程是前进的过程

　　认准的事，要想方设法办成。要知道成事一件，困难一片。办事的过程就是解决困难的过程，解决困难的过程就是我们前进的过程。凡事总有困难。克服困难一片，才能成事一件。眼中尽困难，懦夫懒汉；眼中无困难，英雄好汉。

　　小事小困难，大事大困难，没事没困难，这基本是个规律。中国有句老话叫"好事多磨"，就是说，凡是好事一般都不会办得顺利。在办的过程中，好事必然要与问题和困难发生摩擦，而且是多次摩擦，直至磨掉困难和问题，好事就办成了。中国的改革开放可以说是披荆斩棘的过程，克服了许多困难，也正因为困难重重，才有了今天伟大的成就。

　　工作就是排除困难，解决问题，否则就不是工作。当领导，只要工作就要面对问题，解决困难，并在这样的过程中付出自己的聪明才智、时间甚至生命。如果哪一天上班，顺顺当当没有遇到任何困难，没有解决任何问题，那就等于没有真正工作。作为领导者，是否遇到问题、解决问题是衡量工作成效的重要标志。如果一星期都是迎来送往、应付开会或者应付检查，那么，不管你有多么得忙碌，也没有做实质性的工作。事业心、责任心强的领导，常常会发出这样的感慨：唉！这个星期又没有干什么！

　　多数人想成事、盼成事，但总不想面对问题、克服困难。殊不知，成事一件，困难不是一件，而是一片；只有克服困难一片，才能成事一件。成事就总这么难，可不能把它想得那么简单。比如，城建修路，群众呼吁修，集体决策修，但修路要规划、要征地、要筹钱、要招标，缺哪一个环节都做不成。前期工作完毕后开工了，首先水、电、气、暖要下地，这些工作都得协调。最大的问题是拆迁，拆迁有公建、有私建。公建要涉及集体利益，单位领导要反复与政府讨价还价，政府要找政策、寻依据合理解决。问题的核心是私建，修一条城市道路要涉及民房千百间，安置、补偿、过渡、回迁等一系列问题可不是一次会议就能够解决的。如果遇到钉子户那就更麻烦了，三番五次做工作调解不行，还得动用司法手段，依法进行拆迁。试想，如果不解决这困难一片，怎能办成修路这好事一件！

克服困难需要胆略。一个人成功，不仅智商、情商要高，胆商也得高。胆商高的人往往蔑视困难，咬定成事的目标，在一片困难面前有一种敢闯、敢干、敢试、敢为天下先的气魄。因而，困难在他眼里才不是困难，问题在他手里才不是问题。就像一首民歌中唱的：天上没有玉皇，地上没有龙王，我就是玉皇，我就是龙王。喝令三山五岭开道，我来了！踏平坎坷成大道，斗罢艰险又出发。

克服困难需要辛苦。只要思想不滑坡，办法就比困难多。只要有克服困难的坚定思想，就会寻找到攻坚克难的有效办法。寻找办法需要辛苦，调查研究需要辛苦，吃透情况需要辛苦，用辛苦把一切困难的来龙去脉都搞清楚了，就有了解决问题的办法了。

克服困难需要智慧。最大的智慧在于借力。一个好的领导不是靠自己单薄的力量去独拼的，而要善于借力。借力于上级，领导支持的事往往好办；借力于政策，政策是大势所趋，有大势就有大力；借力于群众，群众的力量是巨大的，只要群众支持拥护，事情就有了强力支撑。

克服困难的过程是由苦到乐的过程，就是我们的工作向前推进的过程。办事费尽周折，是苦；事成之时，苦尽甘来，别有一番成就感、快乐感在心头。当官最大的乐趣就在于克难办事，就像农民最大的乐趣在于耕耘收获一样。

规律三则

规律，就是不管你承认不承认它，它都客观存在。从政规律在从政中起着重要作用，你遵循它，它则往前推你一程；你违背它，它则往后拉你一步。

万事皆有规律。从政者在从政中也有规律可循，关键是能不能发现规律，发现后能否遵循规律。

第一，"深信"规律。

深信，就是深深地相信自己。《国际歌》中唱道："从来就没有什么救世主，也不靠神仙皇帝！要创造人类的幸福，全靠我们自己！"事实上，别人是靠不住的，最可靠的还是自己。大量事实证明，深信自己行，就可能行；如觉得自己不行，那肯定不行。一切事在人为。树上有桃，你深信能摘下来就能摘下来，因为桃，你能看见，是否能摘下来你有个基本判断。跳起来能摘下，你一定会跳。如果跳起来摘不下，你一定会想办法去找梯子。同样的道理，你看见的目标，自己对它要有个基本判断，深信通过努力能够有希望实现，你就一定会想尽一切办法，采取一切措施去实现。如果深信不能实现，你肯定不去努力。

深信，必须有目标。成功者的路是大目标和小目标铺出来的，有了目标以后要一步一个脚印去努力实现。怎么实现？我们要深信有付出就有回报。天下不公道的事有很多，但你要深信，有耕耘才有收获，有奋斗才有赞歌，有辛苦才有认可，有付出才有硕果。你要深信，天上掉不下馅儿饼，天上掉下的馅儿饼，都是陷阱。

第二,"选拔"规律。

战国末年思想家韩非子在《显学》中讲道:"宰相必起于州部,猛将必发于卒伍。"意思是高官选拔都来自基层。伯乐选千里马,也是在拉盐的马队中选出来的,而不是在皇家的马场中选出来的。为什么要从下到上选拔领导干部呢?

一是人不经事不知事。不经下面的事就不知上面的事。有些事书中没有答案,只有在实践中才能找到。知识变智慧离不开实践,实践出真知。

二是刀不磨砺不锋利。人经过历练才能茁壮成长。挫折、打击、困苦、难题都是磨刀石。磨刀石不粗粝,就磨不出锋利的宝刀。刀在石上磨,人在难中练。坚韧顽强的意志、克服困难的勇气、解决复杂问题的能力,都来自实践的磨砺。

三是不登台阶上不了山。路本来有平的,但人总想爬坡,爬坡是为了登峰,登峰是为了观景,观景是为了享受"会当凌绝顶,一览众山小"的感觉。不吃苦、不受累、不流汗,轻松地看到美景是不可能的。

想上去,必须先下去。下去丰富阅历,下去积累经验,下去经受考验。丰富的阅历和经验,都来自基层实践。实践多,经验多,教训多,这都是从政的雄厚资本。阅历和经验的丰富程度,决定一个领导者的成长速度和成功高度。不同的阅历和实践则有不同的经验和教训。官场没有捷径可走,即便走了捷径,由于经验教训的缺失难免途中受挫,当受挫后还得重新补课。

第三,"淘汰"规律。

在从政中,一是能力太差要被淘汰,二是懒政怠政要被淘汰,三是腐败堕落要被淘汰。

淘汰是无情的,一个人职位再高,本事再大,如果不努力工作,不严格要求自己,不加强修养,迟早逃脱不了优胜劣汰的规律。

干部与大树成长规律

在政界，人们常把挑大梁的领导称为栋梁之材。栋梁之材取之于大树，如果你想成为栋梁之材，那么，你就必须遵循"大树成长"规律。

一个普通干部要成长为一个领导干部，必须遵循"一棵树成长"的规律。一棵树成长为参天大树，有四个必备条件：植根大地、沐浴阳光、历经风雨、坚守岁月。

首先，植根大地。大树有主根、侧根、须根，千万条根，它们深入大地，忙碌而不停地吸收营养、水分，成长自己。干部也一样，要想成功，必须在群众中扎根，群众就是大地。平易近人与群众打成一片，要有良好的群众关系；认真调研，倾听群众呼声，要有良好的群众影响；严于律己，廉洁从政，要有良好的群众口碑；脚踏实地，勤政为民，要有良好的群众基础。拥抱大地，深深扎根于群众，根深才能叶茂。

其次，沐浴阳光。不管任何树，都是先长主干，后长枝叶。主干一直向上长，它知道只有向上才能争取到更多阳光，只有向上才会有更广的生长空间。树木也有追求，追求阳光是它的天性。阳光是树木生长的希望所在，只有争取到更多的阳光，才有希望长得更高。干部也一样，要想成功，首先要积极追求向上，向上决定于主观。向上才能脱俗，向上才能超群，向上才能充满希望，向上才能充满阳光。人只有出类拔萃才能得到阳光的沐浴，才会得到组织的重视和培养。

向上需要阳光给予能量，能量来自先进思想武装；向上需要自身积蓄力量，力量来自自身德行修养，来自实践经验的积累。有了能量和力量，才能成为"登山不落同路人，做事敢为天下先"的向上强者。

再次，历经风雨。没有一棵大树，不经历风霜雨雪、干旱严寒。正是长年无数次的经风霜，历雨雪，战严寒，抗干旱，最终才成为大树。干部也一样，要想成功，一定要有思想准备，世上的明天不会都是风和日丽，一定要有"任你风吹雨打，我自岿然不动"的英雄气概。在生活和工作中，难免有躲不开的诬陷、打击、不公、挫折，自己一定要有坚强的意志，一定要有越挫越勇的骨气，一定要坚守信念，苦练内功，经受磨砺，克服困难，咬定目标不放松。

最后，坚守岁月。树苗不是栽下去，马上就会变为大树的，一定是岁月刻画着年轮，一圈圈地往外长，慢慢才成为大树。干部也一样，要想成功，一定要给自己时间，让时间的洗礼不断丰富自己的工作经历和阅历，不断积累自己的人生经验和工作经验。自己的成长过程和成熟过程不能省略。急于求成，心浮气躁，不想脚踏实地为民做事，只想坐"直升机"升官，往往是欲速则不达。成功，需要坚持，需要耐力，需要时间。

以上四条，是一棵树成为栋梁之材的必然规律，也是一般干部成长为领导干部的必然规律。最后强调四句话：第一句话，树木根系再发达，一旦离开大地就会枯死。第二句话，万物生长靠太阳，树木树干再粗壮，没有阳光必死无疑。第三句话，大树长于天地之间，经历风吹雨打，谁都无法避免。第四句话，天下最公正的是时间，时间能成就一切，珍惜和坚守时间的人都会有回报。

不得不信的铁律

我们在人生奋斗中,有三大难:成功难、工作难、人际交往难。世上无难事,只怕有心人。请叩开规律的大门,在规律中寻求答案。

我们主要讲三个规律:命运自控规律、熟能生巧规律、人心交换规律。

第一,命运自控规律。自己的命运自己定,命运掌握在自己手里。你的成功也许碰上了好的机遇,也许碰上了贵人帮助,但他们都是外因。外因是变化的条件,内因才是变化的根据。如果自己是孬种,就是碰到再暖的春天也发不了芽,也开不了花。成功了,不要忘记给你机遇的"天地",更不要忘了努力的自己。世上没有救世主,只有自己救自己。

目标是成功的动力。心中有目标,就伸手去攀,没有当将军的目标,对自己要求就不会严格,不是生活懒散,就是工作怠慢,肯定不是好士兵。没有目标,自然就活得比较轻松,不用出大力流大汗,不用去抗争去奋斗;自然过着一般人的生活,混在普通人的堆里。

自信是成功的基石。你认为自己行,就可能行,如果自己都认定自己不行,那肯定不行。我们常说一句话,叫心想事成。有些事,自己想都不敢想,事怎能成?自信与自傲不一样,自信是一种必不可少的心态,它可以激发出一个人的内在潜能。

奋斗是成功的途径。幸福是奋斗得来的。一个人的成功,唯一的途径是走

"长征路"，既要爬雪山，又得过草地。只有通过这条艰苦卓绝而又布满荆棘的道路，才能到达成功的"延安"。奋斗虽然艰辛，但很有乐趣。苦并幸福着，没有奋斗过的人就没有这种感觉。要说人生遗憾，最大的遗憾就是年老了却没有可供自己回忆的奋斗经历。

坚持是成功的秘诀。美国人提出的"一万小时定律"和中国人常说的"十年磨一剑"，都是讲坚持就能成功的道理。人们眼中的天才之所以卓越非凡，并非天资超人一等，而是付出了持续不断的努力。不要迷信什么专家、大家。琐碎重复的专业工作坚持不停地做，不停地研究，不停地提高，你就是专家；坚持做重复的事特别专注，特别用心，你就是大家。只要自己执着地坚持做一件事，并做好它就是成功。可惜，许多人对专注失去了耐性，不能持久地坚持做一件事，所以一生一事无成。

贪心是成功的大敌。一个人在向目标奋斗的过程中，有时会折戟沉沙，走向反面，根源在主观，而不在客观。贪欲过重，自毁人生。奋斗者都应该明白：打死自己的不是别人的"枪"，而是自己提供给对方的"弹"。"枪"是别人的举报信，"弹"是自己违纪违法的证据。

第二，熟能生巧规律。比如，我们学开车，交通规则容易掌握，但具体操作则需要较长时间。汽车司机是熟练工，只有熟练才不会磕磕碰碰，尤其是倒车，只有熟练才能倒得自如。赛车精彩的弯道超车，就是熟生的巧。再比如，在没有导航之前，我们乘车进入一座大城市要找酒店入住，问路、找路、绕路甚至返路，大半天也落不了地，原因是地形不熟，一旦熟了不仅不会绕行，还会找到近路。抄近路就是熟生的巧。俗话说，"王母娘娘编笸篮，看着容易做着难"。难就难在不断的实践，反复的锤炼。社会上有些事，不是"编笸篮"那样简单的，在熟练的过程中要付出代价。比如，杂技演员，高超的技艺是熟生的巧，但他们在训练中，不受伤痛是不可能的，这种巧是汗水和泪水换来的。

勤补拙，熟生巧。任何事情要想找到技巧，做到极致，必须要有无数遍的重复过程，必须要付出辛苦的劳动，甚至付出沉痛的代价。实践，认识，再实践，再认识，是我们找到巧法、走向成功的唯一途径。

写文章并不神秘。说话就是写文章，写文章就是说话。怎么说就怎么写，会说就会写。达到这种程度，产生这种效果，就是熟生的巧。不多写，不多练，不到十分熟练的程度，肯定写不出好文章。语言和文字，两种表达方式说到底是一样的。不同的是，文字表述更加规范严谨。

会讲话也不神秘。在众人面前讲话难，原因有二，一是怯场，想好的话上台一紧张，全都忘了。二是对你所讲的问题没有完全吃透，知其然，不知其所以然。出现这种情况，主要是讲的少，见的场面少，了解的情况少，肚里装的知识少。讲的多，各种场合熟，掌握知识多，各种情况熟，就能讲得生动感人，就能产生"它虽不是蜜，但可以黏住一切"的效果。

做领导更不神秘。我们常见到这样的领导：处理问题游刃有余、发表意见果断干练、开会讲话精辟透彻。能有这样的效果，至少他具备三个特点：一是知识渊博，二是经验丰富，三是阅历深厚。三者缺一不可。如果你具备这三个特点，也会成为人们羡慕的成功领导。人常说，吃的盐比你吃的米多，过的桥比你走的路多。多的就是阅历，路走得多了，好事坏事都遇过，难事苦事都干过。经验教训多，干工作自然就熟。熟生的巧，就是工作水平，工作能力。

第三，人心交换规律。人心换人心，八两换半斤。打扰换友谊，麻烦换感情。人在生活中不要怕麻烦，也不要怕打扰。一定要以诚待人。别人的热情和冷淡都不是无缘无故的。与人交朋友，舍不得一顿饭的饭钱，舍不得一顿饭的时间，甚至舍不得一顿饭耗时间的辛苦，那你一定交不下知心朋友。别人对你不好，你首先想想自己对别人好不好，如果不好，那就对了，这就是人心交换的简单原理。对待没完没了的烦人电话，应付接连不断的上门来客，如果你觉得是种麻烦，是种干扰，那么，你与同事的关系就不会融洽，与朋友的感情就不会深厚。

律己要从严。有律己的心，才能换来崇敬的心。领导是下属的榜样。要以身作则，平易近人，严格要求自己。要求别人做到的，自己首先做到，要求别人不能做的，自己首先不做，明不做，暗也不做。干净是领导自己的尊严。一个领导既要带头辛苦干活，又要带头干净做人，自己的一颗律己心，必然会换来下级的崇敬心。古人说过，"吏不畏吾严而畏吾廉，民不服吾能而服吾公，公则民不敢慢，廉则吏不敢欺。公生明，廉生威"。

交友要吃亏。有吃亏的心，才能换来感恩的心。人的本质是社会关系的总和。因而在世上要懂得人帮人。帮人不要图回报，我们只有一颗感恩的心。感恩有很多形式，不光上门感谢是种感恩，遇事找他帮忙，他非常热情，也是感恩，逢年过节发一条信息，道一句问候，也是感恩。你对别人的好，你不一定记得，但懂得感恩的人都铭记在心。不知感恩的人对自己的良心是背叛。做人不能计较，不要企求别人如何如何，不要老想自己帮人吃亏。吃亏是福。只有吃亏，朋友才会越来越多。

为民要吃苦。有吃苦的"辛"，才能换来感谢的心。百姓感谢领导唯一的途径是口碑，金杯银杯不如老百姓的口碑。雁过留声，人过留名。作为领导，世界上最贵的是民心。百姓的好口碑只有自己的无私奉献才能赢得，吹捧是换不来的，花钱是买不来的。做领导有个好口碑，是一生的荣光。

实践是一本"无字书"

一个成功的领导,必须读两本书,一本是有字书,一本是"无字书"。读懂有字书是知识,读懂"无字书"是智慧。

实践是一本领导干部必读的"无字书"。之所以说无字,是因为实践是一种复杂的社会活动,由于时间、地点、环境、人物的不同,所以实践有多样性和不确定性等特点。即便实践有书面总结和文字表述,但不通过自己的亲自实践,就是读也不懂,懂也不达。只有自己亲自体验,亲自品味,躬身践行,才知道事情该怎样去做。一位伟人说过,要想知道梨子的味道,就必须亲口尝一尝。现在有的领导讲话不接地气,做事不切实际,下文不着边际,原因很简单,就是缺乏实践经验,读"无字书"太少。

读"有字书"有学历文凭,小学、中学、大学,学士、硕士、博士。读"无字书"同样有"文凭",简历就是凭证。工作阅历和学历文凭一样重要。从小学到大学,从基层到高层,同样是一步一步攀登,一个台阶一个台阶上升。在地市的岗位上,如果缺少基层经历,就好像中学直接跳级读了硕士,没有大学学历的硕士生再聪明也难以读懂硕士的课程。要想跟上"学业",必须下功夫补课,不然,在"大考"时,百姓就给不了满分。

现在审视领导干部重点应看"两历":一看工作简历,二看文凭学历。看简历,考查能力应是关键;看文凭,查阅学历只是参考。赵括"纸上谈兵"的故事告诉我们，单靠文凭使用干部是靠不住的。文凭代表不了水平，实践才能出真知。本本读得太多，容易形成本本主义、教条主义，容易坐而论道，生搬硬套，脱离实际。人们常说的"三门"干部，缺乏在基层的摸爬滚打，缺乏急难险重事件的不断历练，阅历、经历的缺位，是他们的"致命伤"。当他们遇到一些重大的突发事件时往往容易心中无数、没招没谱，甚至惊慌失措、束手无策，有的甚至成了只会处理文件而不善处理事件的"稻草人"。一个干部只有知行合一，在实践中摔打磨砺才能成熟。栋梁之材，根植大地才能吸取营养，经受风雨才能锻炼成长。现代领导干部的基本要求应该是：丰富的经验加上渊博的知识。只有书本知识、缺少实践的领导是书呆子；仅有实践经验、缺少知识的领导是土包子。

"无字书"的书名叫实践，该书由三部分组成：第一部分是实践内容，第二部分是实践过程，第三部分是实践成果。深入基层、深入群众是做领导工作的基本方法，也是在读"无字书"的课本。老师是群众，课堂在基层。

带着感情下去，带着实情回来；带着思考下去，带着思路回来；带着想法下去，带着办法回来；带着民声下去，带着民心回来；带着责任下去，带着信任回来；带着政策下去，带着政绩回来；带着真诚下去，带着真经回来。

"四商"是成功的智慧

智商、情商、胆商、逆商都高,如果不成功,这个人肯定有硬伤,不是性格有缺陷,就是德行有问题。

成功必备的"四商":智商、情商、胆商、逆商。

智商高的人:一是天资聪明,二是反应敏捷,三是勤奋钻研,四是博学多才。智商高的人,不仅有超常的记忆能力、语言能力和分析判断能力,还有较强的认识事物和解决问题的能力。

情商高的人:一是善交际。平易近人,热心交友,关系广,朋友多。二是巧平衡。上下左右的关系都处理得很好,上级赞赏得多,同级嫉妒得少,下级反对得少。三是会办事。办事动脑不死板,随机应变,融通关系能力强。四是知感恩。不忘恩人帮助,把恩人常挂在心上。

胆商高的人:一是有改革创新意识,不因循守旧,敢闯,敢干,敢试。二是在关键时刻,不犹豫,不徘徊,敢于决断,敢于拍板,敢于出手。三是有事不怕事,不推事,敢于担当,敢于负责。四是不怕惹人,敢于直面矛盾,敢于与歪风邪气作斗争。

逆商高的人:一是在困难面前不低头,意志坚强;二是在困境面前不认输,耐力超常;三是在挫折面前不气馁,越挫越勇。逆商高的人,遇到困难、困境、挫折后能冷静思考、认真反思、痛定思痛、有志气、骨头硬,哪里跌倒哪里爬起来，擦干眼泪、毫不退缩、坚强地继续前行，不达目的不罢休。

智商是成功的基础，但仅智商高，很容易脱离社会、脱离实践。智商高而情商、胆商不高的人，多数为书呆子，成大事者甚少。

一个人的逆商有时候比情商、胆商更重要，情商、胆商决定一个人能站多高，而逆商则决定你从高处跌落谷底时，还能否重新站起来，也就是看一个人落到低谷的反弹能力。反弹能力越强说明你的逆商越高。

智商、情商、胆商、逆商是一个人有智慧的体现，是成功的内在因素，四者缺一不可。它们相互依存，相得益彰。

自己"有用"才是硬道理

　　不要巴结讨好一个人,与其花时间追捧别人,不如把时间留给自己,提升自己的能力,改变自己的现状,等你优秀了、成功了,会有更多的人追着你。你只有自己登到顶峰,才会被人仰望。花若盛开,蝴蝶自来;你若强大,何来害怕;你若优秀,何来无路。

　　人"有用"才是硬道理。一个人在外前呼后拥,在家门庭若市,不用问,这个人肯定有用,不是手中掌权,就是兜里有钱,要么就是有一技之长。

　　门前长着许多树,砍掉的都是无用的、碍事的。凡是乘凉的大树、结果的枣树,谁都不会砍,而且还会精心呵护。同样的道理,你只要有用,就有人愿意与你交往,且越交越深。一旦深交,没用了情义也深。

　　有的老板说,我朋友很多,是的,因为你有钱有酒;有的官员说,我朋友很多,是的,因为你有权有势。当老板破产,或官员被免之后,你再回头看看,他还有多少朋友?富在深山有远亲,贫居闹市无人问。有用才是硬道理。

　　认清人间事理,扎实做事,努力工作,不懈奋斗,克服困难,不怕挫折,一步一步实干,一滴一滴流汗,不断成长,不断进步。无论在什么行业,一定要争取做个有用的人。

　　天生我材必有用,人的一生就应该有用。做个对社会有用的人,做个对百姓有用的人,做个对朋友有用的人,做个对家庭有用的人。人有用,才有价值;人有用,才受人尊重;人有用,才活得精神。人生最幸福的是受人尊重,最自豪的应该是自己有用。

"三有"成功要素

西方有个著名的"一万小时定律",就是说每天用三个小时,十年时间专注用心研究一件事,必然平凡变超凡。中国人讲,"十年磨一剑"也是同样的道理。

世上就怕"有心"人,世上就怕"有行"人,世上就怕"有辛"人。

世上就怕"有心"人。"世上无难事,只怕有心人。"作家、画家、书法家的成名作之所以成名,是作者长期用心观察和体悟世界的结果。人一辈子有心关注、观察、记录一件事,有心长期琢磨、研究、追求一件事,就肯定能成就一件事。有心者事竟成。

世上就怕"有行"人。明代思想家、哲学家王阳明提出"知行合一"的著名论断。知行合一,就是认识和实践的统一。他说,知是行的主意,行是知的功夫。知是行之始,行是知之成。知中有行,行中有知,二者不能分离。知识付诸实践是智慧,智慧付诸行动是成功。世界上最远的距离是"说和做"。现在不少领导理论谈的一套又一套,什么都知道,但常常是纸上谈兵,天桥把式,光说不练。心动不如行动,知而不行等于不知,行而未果等于不行。所以,满腹经纶却懒政惰政的人,一辈子将一事无成。

世上就怕"有辛"人。"辛"指"辛苦"。"世上无难事,只要肯登攀",攀登就必须付出艰辛。做任何一件事,不付出辛苦都将一事无成。辛苦背后是坚持。什么叫不容易?容易的事坚持做下去并把它做成功,就叫不容易。什么叫不简单？简单的事坚持做下去并把它做成功，就叫不简单。什么叫不平凡？平凡的事坚持做下去并把它做成功，就叫不平凡。凡是作家、画家、书法家、歌唱家、科学家等大家大师，都是靠坚持、靠积累、靠艰辛劳动获得成功的。

失败者肯定是"三缺"，缺心缺行又缺辛苦。成功者则是"三有"，有心有行有辛苦。身心合一，知行合一，行辛合一，必然走向成功。

天不下雨地之过

天不下雨地之过，人不进步己有责。一个干部如果长期得不到组织的提拔重用，应多从自身找原因。我们无法控制风，但可以控制帆。

起步早，进步慢，中间必定有磕绊，磕绊原因很简单，不是客观是主观。

步入仕途，大多数干部是想求"进步"的。能够得到提拔重用，是组织对自己工作和能力的肯定，自己也能产生一种成就感、荣誉感。但是从客观上看，级别越高职位越少，竞争越激烈，多数干部总会停留在一个职级不再晋升，所以"进步"到一定程度出现停滞不前也属正常现象。

当然，有一些比较优秀的干部得不到提拔重用，一定是由主观、客观多方面原因造成的。现实中，干部选拔、任用机制仍有不能令人满意的地方，在选人、用人上还存在不正之风，这都是事实。然而，我们干部队伍中，有一些类似"愤青"的人，把得不到提拔的原因一概归咎于干部成长的"生态环境"、干部选用机制等客观方面，却不从主观方面找原因。如此做法，除了平添许多怨愤之外，其实没什么实际意义。

天不下雨地之过。天地之间互相影响，形成各种各样的气候现象，本无什么是非对错之说，但却有因果关系可究。一个地区降水量受海陆位置、地形、大气环流等多种因素影响，同时也与人类活动有关。森林的破坏和植被的减少会加剧干旱化过程，在远离海洋的地方，森林多少是影响成云降雨的重要因素。我们想要增加一个地区的降水量，海陆位置、地形等都难以改变，唯一能改变的只有我们人类的行为，我们可以加大植树造林力度，增加森林覆盖率。所以，天不下雨，怨天无益，唯有改变自己才是可行的方法。

仕途问题何尝不是如此？我们把不"进步"的原因归于客观环境，但为什么有那么多优秀干部能得到提拔重用而自己却不能呢？有些地方环境不够理想肯定是真的，但我们简单归因于它又有何用？有的人毛病太多、优点不突出，但自我感觉良好；有的人经不住考验，暂时的失利都不能承受，并上蹿下跳非要把竞争对手搞下来；有的人"疾恶如仇"，搞得上下左右关系紧张、矛盾一团。究其原因，是这些人不能正确认识自己，不能正确理解组织。一味怨天尤人，只能消磨意志，影响情绪，损害形象，耽误工作。人不进步已有责，一般而言，干部提拔不上去，自身总有缺点和不足，总有不符合组织要求的地方。只有改变了这些原因，才有可能改变结果。与其对天长叹，倒不如多从自身寻找原因，努力去适应环境。要知道，适者生存，识时务者为俊杰。

起步早，进步慢，中间必定有磕绊，磕绊原因很简单，不是客观是主观。为什么不是客观是主观？因为我们无法控制风，但可以控制帆。风大浪高，才更需要驾船好手。我们可以通过了解风的方向、大小、趋势等，进而积极主动地去适应它，根据风来调整自己的帆，把握前进的方向，活出自己的精彩。

想进步就必须有进步的冲动

仕途如行车,没有勇气超车,就显现不出车的优劣。如果确认自己是一部好车,就要敢于超车,善于超车。

不想当将军的士兵不是好士兵,但从士兵到将军,中间有太长太长的路要走,有太多太多的人在争。放眼望去,向上走的每个台阶,都挤满了人,而且每个台阶下还等着很多人。这种情景更像在拥挤的道路上行车,车水马龙,红灯频显,要想快速前进,怎一个"难"字了得。对此,多数人望而生畏。

超车必须要有超车意识,没有这种意识就不会实现超越。有超车意识是可贵的。正如士兵有了当将军的冲动,成功就有了一半可能。有了这种冲动,他就会根据自身所处的位置和条件,确定自己的奋斗目标。目标鼓舞人前进,鞭策人奋斗。有了目标,他一定会寻找实现目标的机会。尽管车水马龙、道路拥挤,但只要努力寻找"超车"机会,就有了实现目标的可能。

没有超车意识是可悲的。古人云:"哀莫大于心死。"一个人可以一无所有,但不能没有梦想。没有梦想,人就活得没劲。就如同没有超车意识的人那样,再好的车也只能跟在别人后面,按部就班,别人走他走,别人停他停。眼睛只盯车屁股,望车兴叹。

超车必须鸣笛,鸣笛是在叫道,不叫道没有人主动让道。鸣笛超车有三种可能。一种是勇于超车。比如,弯道超车,别人不敢超,但只要你鸣笛,并有过硬的技术和敢冒风险的胆略就能顺利超车。一种是善于超车。车与车相隔距离较近，但只要你鸣笛，并有熟练的掌控能力和准确判断车距的眼力也能顺利超车。第三种就是抢先超车。前方有路面，只是有车挡着你前行的道路，这种情况下只要鸣笛别人一般都会让道。但超车有风险，必须具备四个条件：车况好、技术精、有机会、速度快。

在工作中，面对竞争激烈的从政环境，你要想超越竞争对手，也有三个途径。一是勇于争先。勇于创新，大胆改革，以新招、奇招超越那些墨守成规、胆小怕事的人。二是善于争先。在同一起跑线上，与同级摽着干，努力工作，加倍奉献，做出优异成绩，做不甘落后、"一路奔跑"的人。三是抢着争先。你不干、我干；你小干、我大干。靠自己的能力、勤奋、政绩赶超那些不作为、混日子的人。争先不是目的，而重在争先过程，关键是大家要为同一目标相互比拼，为百姓做些实实在在的事情，以实绩赢得百姓的好评。这样，百姓就会为你"鸣笛"开道，这种"鸣笛声"最响，开道作用最强。百姓的呼声，会直接影响组织对干部的任用。

超车必须提速，提速是种努力，不努力就跑不到别人前头。有超车的意识，鸣笛之后，道路条件也允许超车，最终能不能实现超车，完全取决于自己的实力。实力来自自己的素质，素质需要长期打造，加强修养、抵制诱惑，作风清廉、工作务实，勤劳肯干、正派厚德，团结合作、尽心尽力。一个人如果具有了这些素质，就如同一部好车，一旦条件成熟，就会瞬间动力澎湃，势不可当，驾轻就熟，游刃有余，定会以超人的速度和过人的技能超过一辆又一辆马力小的"老牛车"、一辆又一辆年久失修的"老爷车"、一辆又一辆悠着走的"懒汉车"。试想，自身没有实力，如同破车上路，超车的意识再强，喇叭鸣得再响，速度提不上来，又怎能超车？

从政资本在于积累

人不奋斗，没有精彩的人生；人不吃苦，没有动人的故事。

人活的是积累，从政资本也需积累。我们要注重以下五个方面的积累：

第一，阅历的积累。参加工作以后，要服从组织安排，多岗位锻炼。首先到基层去，到最艰苦的地方去，挑最重的担子去。吃苦受累才能磨砺意志，常遇复杂矛盾才能增长见识，有教训、有失败才能获得经验。如条件允许，基层要干，机关也要干；小单位要干，大地方也要干。阅历就是资历，资历就是从政的资本。

第二，政绩的积累。干一行爱一行，干一行干好一行。在小部门要做出小成绩，哪怕负责扫厕所，也不偷一点懒，把旮旯缝角都扫得干干净净。到大地方要干出大政绩，不图名、不图利，不图升官，更不图发财，就为了对得起自己的良心，对得起组织的信任。走一处胜一处，走一方兴一方。自己日夜奔波，必须要为当地的经济、社会发展带来明显变化。自己矢志奋斗，必须要给百姓带来明显实惠。

第三，口碑的积累。金杯银杯不如老百姓的口碑。口碑来自你的实干精神，来自你的政绩，来自你的清正廉洁，来自你的个人品德和人格力量。政声人去后，民意闲谈中。一个人的好口碑，就是你离位多年，民间还会有你口口相传的故事。

第四，人脉的积累。人在官场，既要坚守原则，也要善待他人。多栽花，少栽刺，多交朋友，少树敌。为官要有人气、要有眼力，既在当前，热心尽力帮人办事；也在长远，尽心培养推荐有潜力的干部。台上不办事，台下你试试。过去办事顺风顺水，如今办事难以张嘴。台上办好事，台下好办事。

第五，健康的积累。健康是所有积累的核心资本，没有健康就没有一切。积累健康，关键在锻炼，锻炼的关键在坚持，坚持的关键在毅力。每天坚持锻炼就是为健康"存款"，零存整取，受益匪浅，坚持数年，必有好处。

积累正能量是个漫长的过程。它与积累财富一样，需要一点一滴积攒。

掌声是种心声

掌声是种心声,是没有词汇的话语。长时间雷鸣般的掌声是人们内心强烈的呼喊。掌声喊出了认同、赞赏,喊出了支持、信任。如果鼓掌超不过十下,那掌声是敷衍的掌声,是场面上的一种礼节。

生活中,最容易出现掌声的场合有两种:一种是演出,一种是开会。演员一般很在意掌声,观众的掌声是表演成功与否的标志。当领导经常要露面、讲话,也不断有掌声响起。群众给领导的掌声和观众给演员的掌声有类似的地方,掌声实际是心声,是喊声,是无言的话语。参会的群众没有话筒,掌声就代表话语。这种话语虽然没有词汇,但是肯定还是否定,赞成还是反对,态度非常鲜明。假如一个领导即将调任,在发表告别讲话之后听到了经久不息的热烈掌声,这说明他在任时的表现被群众认可,得到了群众的拥护和赞赏,掌声中似乎带着留恋和感谢的呼喊。如果群众在主持人的提议下鼓掌,而且掌声零落,稀稀拉拉超不过十下,只能说明他在群众中没有什么威信。如果听到的是倒掌,并且还伴有起哄的嘈杂声,那就不是有没有威信的事了,这说明群众对他很反感,巴不得他早点卷铺盖走人。

掌声的背后是领导的人品,是业绩,是感情。掌声是民意,掌声是口碑,掌声是赞赏,掌声是肯定。一个群众观念强的领导心里装着群众,经常深入基层,一心为群众办事,真心为群众服务,他就会赢得群众热烈的掌声。这掌声,是领导与群众心与心的真挚交流。然而一个趋炎附势、高高在上、目中无人的领导，没有真心为群众服务，当然也不会得到群众的真心拥护。因为他办事是为自己升迁，讲话是给上级听，眼里心里都没有装着群众，所以群众也只能以不情愿的双手，发出稀稀拉拉敷衍的掌声。几分钟的热烈掌声，既肯定的是领导者几十分钟的精彩演讲，更肯定的是领导者在位几年的业绩和人品。

群众的掌声最难得，难得主要是民心难得；群众的掌声最可贵，可贵主要是民心可贵。百姓有评价领导的权利，掌声就是评价领导的重要渠道，也是反映民意的重要途径。你讲话成功不成功，你安排的工作、你要办的事人们赞成不赞成，你在群众中的威信高不高，通过掌声都能找到答案。掌声热烈是赞成，掌声稀拉是批评。有的人对掌声比较麻木，听到稀拉掌声无动于衷；有的人对掌声非常敏感，听到热烈的掌声兴奋不已，听到稀拉的掌声就会不断反省。对掌声两种不同的反应，也折射出领导者对工作、对群众的不同心态。

第二篇
方法杂谈篇

第二篇 方法杂谈篇

带兵须带心

曾国藩说过,"合众人之私以成一人之公"。笔者在实践中的体会也是这样,领导关心、关照下属,下属才能更好地听从领导安排干好公事。这是经验之谈,也是领导的艺术。

浇水浇根,管人管心。领导一定要知道你的下属在想什么。尽力满足下属的所想、所盼、所求,大家工作起来才有积极性、主动性和创造性,这个单位才有生机,才有活力。

哀莫大于心死。当下属的合理诉求迟迟得不到实现时,久而久之,他们就会心死;当下属什么也不想、不盼、不求时,这个单位也一定是死水一潭。

有些领导工作一辈子也不琢磨下属在想什么,而只知道让他们干什么。也就是说,有些领导只知道每天给下属布置任务,而不知道考虑下属的实际困难和内心需求。

不关心下属的生活,不关注下属的成长,只想让马儿快点跑,又不给马儿多吃草,这样的领导往往搞不好单位的工作。每天只注重研究事务,却不注重研究人心的领导,一定是不称职的领导。

一把坚实的大锁挂在大门上,一根铁杆费了九牛二虎之力,还是无法将它撬开。钥匙来了,它瘦小的身子钻进锁孔,只轻轻一转,大锁就"啪"的一声打开了。铁杆奇怪地问:"为什么我费了那么大力气也打不开,而你却轻而易举地把它打开了呢?"钥匙说:"因为我最了解它的心。"

四川武侯祠有副楹联:"能攻心则反侧自消,自古好兵非好战。不审势即宽严皆误,后来治蜀要深思。"

鬼谷子曰:"摄心者,人系其心于己。"带兵,必须了解兵心,以带心为根本。

如何带心?一要懂心,懂下属的心思,知其所求;二要走心,走进下属的心里,经常交流沟通;三要动心,感动下属,让下属从内心服从。

要让下属团结一心,撸起袖子干,就必须和下属打成一片,不断为他们解决实际困难和问题,不断满足他们的内心需求。他们心顺了、气顺了,工作中的所有问题自然而然就好解决了。

"兑倒"变通法

变则通,通则顺。"水随形而方圆,人随势而变通。"善于变通的人,只需要一个好思路,就能开辟一条新途径;只需要一个转变,就能看到别样风景;只需要灵活一点,就能进退自如;只需要摒弃一份固守,就能获得一次重生;只需要举力打破,就能赢得天下。

社会是讲规则的,每个人都生活在一定的规则约束之中。领导者和规则的关系更为密切,不仅要守规则,还要定规则、改规则。实事求是地看,一般情况下,按规则办事是应该的,大部分时间、大部分事情都得守规则。但是当常规已经不适应变化了的新情况,当惯性思维中的不合理因素已经阻滞了工作、事业的时候,我们就应该解放思想,打破常规,另辟蹊径,只有这样才能化腐朽为神奇,在困境中找到出路。所以,领导者要学会变通。

倒杯晾水。倒杯晾水是生活中的小常识,当我们口渴了急着喝水时,偏偏只有一杯滚烫的水不能马上喝,怎么办?用两个杯子把水来回兑倒几下,水就会很快晾到适合的温度。在这个过程中,人对水温的适应性不能一下改变,急着喝水又是现实必须解决的问题,能变的只能是加快晾水的速度。多个杯子,多个动作,多兑倒几下,问题就解决了。这里的诀窍是"来回兑倒"。"兑倒"就是一种变通。"兑倒"不是捣鬼,不是投机取巧,违规变通,变法谋私;而是遇到问题,多动脑子,多想办法,多绕几个弯子,通过空间换时间,或者通过时间换空间,以达到解决问题的目的。

改变不了甲，就改变乙。日本有一家工厂生产圆珠笔，然而投放市场后发现，圆珠笔芯中的油墨还没有用完，笔芯上的圆珠就坏了。为此，厂家不惜重金请了许多专家对笔芯的圆珠质量进行攻关，但做了许多努力，效果都不理想，该厂的圆珠笔生产陷入了困境。后来，一个普通的操作工提出了一个极为简单的方法，就轻而易举地解决了这个令专家束手无策的难题。他的方法是，将笔杆截去一段！这样，笔芯上的圆珠报废时，油墨也正好用完。该厂正是采用"改变不了笔珠就改变笔杆"的思路，终于走出了困境，赢得了广阔的市场空间。改变不了甲，就想办法改变乙，这也是有效的变通办法。

直道超不了车，就弯道超。风险总是和机遇相生相伴的，高水平的车手总是敢于、善于在弯道中实现超车。其中的关键就是要看清路况、沉着冷静、稳打方向、加踩油门、瞬时超越。比如，遇红灯绕行、先上车后补票。前者不能改变红灯就改变路径，从而达到既不违规又加快前进速度的目的。后者通过调整先后顺序达到了减少等待时间而持票乘车的目的。改变方式，寻找捷径，实现意图，是最好的变通。

现实中有两种领导：一种是死搬教条，循规蹈矩，一条路走到黑。遇到难事，找文件，寻依据，宁愿事情办不成，也不承担任何责任。另一种是敢于创新、善于变通，从来不被"红头文件"束缚思想，不被条条框框束缚手脚，总是敢于"第一个吃螃蟹"，敢于走别人没有走过的道路。前者，因循守旧、墨守成规，什么大事也做不成，当一辈子官，走了很多岗位，也不知道自己办了什么事。后者，一生轰轰烈烈，不干则已，要干就干出样子，一辈子不甘寂寞，一辈子披荆斩棘，一辈子辉煌创业。

变通，是一种灵活求变的思想方法，是对教条主义的一种批判，是对不作为、不担当的一种谴责。

"六字"落实法

工作中什么最难?落实最难。世界上相距最远的两点就是说与做,领导者的重要工作就是想尽办法拉近这个距离。下一沓文件,不如办一件实事。说一堆套话,不如研究一件具体事情。落实的功夫体现在六个字上:深入、具体、碰硬。实践证明:一深入就落实,一具体就落实,一碰硬就落实。

领导干部的主要工作是出主意、用干部。对于"芝麻官"一级领导,想办法抓落实是最重要的工作。要推进一个单位、一个地方的工作,在有了好的主意、好的干部之后,狠抓落实往往成为关键。定了不算,说了不干,事情老在会议上打转转,在文件上画圈圈,再好的主意也等于零。从这个意义上说,抓落实是基层领导的基本功。落实的功夫主要体现在三个方面:深入、具体、碰硬。

第一,深入。深入就是亲自到现场,到工作第一线,亲自见人见事,掌握真实情况,寻找落实不了的具体原因,找到问题的症结后,采取相应措施,使部署的工作得到落实。深入,是一种走下去的工作方法。只靠听汇报、做指示有的时候办不成事。因为下属有下属的难处、局限。有的下属内心不愿落实,但表面上并不反对;有的下属出于各种原因不愿意说实话;有的问题下属的权限不能协调,下属要是反映到上面又有告状之嫌,所以也不汇报;这些问题,都需要领导深入才能了解。古代地方官叫知府、知县,都强调一个知字。只有知,才能行,才能落实。一个地方、一个部门的主要领导必须经常带着问题深入下去,调查研究,这样才能知情,才能促进工作落实。浮在上面,靠会议、靠文件落实工作,不仅浪费时间,而且耽误工作。

第二,具体。具体就是细化每项工作责任和实施措施,只有具体化,才能落实。我们现在习惯把比较大的某项工作称为工程,这说明工作和工程有很多相似的地方。一座大楼从设计图纸开始到最后建成完工,总是一个具体化的过程。设计的时候先有大的规划,然后有具体详细的图纸。建的时候更是需要把工程细化到施工的各个队组。只有把一砖一瓦落实到人头,大楼才能建成。工作也是这样,宏观的目标、方案确定之后,主管领导就要想办法把目标具体分解下去,定岗、定责、定进度,研究具体问题,解决具体困难。具体的关键是要把工作落实到具体人头上。抓落实要抓人,责任到人是落实的根本。政策要具体,措施要具体,奖惩要具体。具体,可以让人感到自身的责任和压力,让人感到不落实不行。

第三,碰硬。碰硬就是动真的不手软,处理人不看脸。只有敢于碰硬,才能落实。古人说好事多磨,这"磨"就是碰硬的过程,克服困难的过程。修路、盖楼都是好事,筹资、拆迁是难事;城市化建设是好事,解决好群众的生计是难事;行政体制改革是好事,协调好利益是难事。当官做事,就要有面对困难的勇气;落实工作,就要敢于碰硬。好多时候,落实不下去的主要原因是政令不通,有各种障碍和困难。落实中的困难被称为拦路虎,而不是拦路猫、拦路羊,就是说阻力也是一种比较强的力量,非有武松打虎精神和敢于碰硬的胆略才能克服。落实渠道不畅通是人的问题,解决这个问题就要敢用权、用硬权,以权力碰硬,以人格碰硬。在这个意义上,碰硬就是碰刺头,碰硬就是碰懒汉。通过碰硬,搬掉拦路虎,排除困难,解决问题。当然,碰硬不是硬碰,更不是蛮干。

干不好怎么办

"干什么，怎么干，干不好怎么办"，是领导部署工作的"三步法"。打蛇打七寸，抓事抓关键。"三步法"的关键是"干不好怎么办"。如果解决不了"干不好怎么办"的问题，那么，"干什么"只能是稀里糊涂，"怎么干"也将是敷衍应付。

从古至今，军队管理常靠"两令"：一是嘉奖令，对成绩显著的有功将士晋级嘉奖，以资鼓励；二是惩处令，对违反纪律或作战不力的将士贬谪惩处，以彰军威。同样，作为一名领导者，也应该常用"两法"，即奖励与惩罚。《管子》云："赏功诛罪，所以为天下致利除害也。"用好这一奖一惩的措施，奖勤罚懒，奖优罚劣，就会调动各个方面的积极性、主动性和创造性。

"干什么，怎么干，干不好怎么办"，这是领导部署工作的"三步法"。"三步法"是领导安排部署工作的完整体系。"干什么"讲的是目标任务，"怎么干"讲的是方法步骤，"干不好怎么办"讲的是保证措施。在现实中，"三步法"中的前两步尽管重要，但做起来相对容易，但"干不好怎么办"落实起来似乎较难。难就难在领导者碍于情面，心慈手软，执行惩罚下不了手。因此，有的工作，目标和部署都很清楚，可就是难以落实、难以推进。

思想工作当然重要，但它却不能解决所有问题。要推进工作，关键是解决好"干不好怎么办"的问题。干得好，奖励重用不含糊；干不好，惩罚处分不手软。

说一千道一万，这才是解决问题、推进工作的根本措施。实践证明：把工作成效和个人的"帽子""面子""票子"紧紧联系在一起，干部就会有干劲、有压力，工作就会有进展、有突破。近年来，全国安全形势和环保形势有了根本好转，核心原因就是各级干部都有了"出不起事"的共识，都比较好地落实了"干不好怎么办"的相关措施。

在日常工作中，我们有些领导把"干什么、怎么干"安排得井井有条，具体得不能再具体，但在"干不好怎么办"的问题上却没有动脑认真研究，要么是缺少具体手段，要么是有措施兑现不够，有的甚至在安排工作中从不提"干不好怎么办"这一重要问题。由于工作没有抓到点子上，即使他们每天忙得团团转，工作还是推不动。实际上，原因很简单，工作是有规律的，工作规律所规定的动作少了关键一步。所以，工作目标任务明确后，我们的精力应重点放在抓落实上。抓落实，就是盯死落实不了的人和落实不了的事。抓人抓事主要是抓奖惩措施的兑现，干不好就要毫不手软地对人、对事。从促进工作、帮助人的角度出发采取惩罚措施，实际上是用最小的代价换取最大的效益，这于事业发展和干部成长都有好处。

提高效率法

有人几天办一件事，有人一天办几件事。区别在于工作效率。简化程序、立说立行、果断决策、适度放权、减少应酬，是提高效率的有效办法。

人生在世，尤其是对从政的领导者来说，其任职期限都很有限，想做的事又很多，若想在有限的时间内，做更多、更有意义的事，唯一的办法就是抓紧时间、提高效率。萎靡拖沓、慢慢吞吞，无疑是在虚度年华，浪费生命。当年深圳特区的口号就是："时间就是金钱，效率就是生命。"

然而现实中做事效率不高的问题一直为人诟病。解决这一问题，首先要想做事，其次是会做事。

第一，简化程序。最大限度地减少会议和文件，是简化程序的第一要义。文山会海已经成为降低效率的主要原因。正如网友所调侃的：工作就是开会，有事办公会、无事务虚会、忙开现场会、闲开研讨会、半月一次汇报会、一年一次表彰会。许多领导整天都在忙着准备开会或者被开会，有的时候一个领导甚至需要同时参加几个会，只恨分身乏术，只能派人替会。许多领导的主要工作是审查文件和阅处文件，出差几天回到办公室文件就能堆一摞。在现代通信、传媒发达的今天，其实有些会议完全可以不开，有些文件完全可以不发。最大限度地减少会议和文件是腾出精力、腾出时间做事的最有效办法。所以我们在自己的权力范围内，要做到"三不"：打电话能办的事就不碰头，碰头能商量的事就不开会，开会能办的事就不发文。

第二，立说立行。汉语很有意思，办事用立刻、立即、马上等词语，就是站着能办的事就不要等坐下，马上能办的事就不要等下马。领导工作千头万绪，说了就要迅速行动。遇到问题，在第一时间解决，"今日事今日毕"。今天有今天的事，明天有明天的事，今天的事和昨天的事堆在一起就会误事。

第三，果断决策。看准的事不要犹豫，要果断拍板，不是重大问题即使拍错，也不要后悔，犹犹豫豫不仅浪费时间，而且贻误战机。果断决策贵在权衡利弊，两利相权取其重，两害相权取其轻。果断决策贵在吃透情况，调查不够不决策，条件不备不行动。果断决策贵在高瞻远瞩，方案不求完美，主要看长远，看主流，看结果。

第四，适度放权。做一个好领导要学会合理授权，适度放权，这样才能发挥大家的积极性。实践证明：领导对下级越信任，下级的积极性越高，事情办得越好。充分发挥团体作用是领导这种角色的题中应有之义。孔子的学生子贱到亶父任职，经常弹琴自娱，可他管理的地方却井井有条，民兴业旺。他之前卸任的官吏百思不得其解，就问子贱："我每天起早贪黑地干也没有把地方治理好，你是怎么做到的？"子贱答道："你是依靠自己的力量去干的，而我却是借助别人的力量去干的。"现在，有些领导亲力亲为把自己累得要死，同僚、下属都闲得无聊，这样的领导，其实并没有发挥领导作用，空有领导位子而做着非领导的工作。

第五，减少应酬。中国人喜欢宴请客人的习惯由来已久，从民间到官场，饭局普遍存在，作用似乎也不能低估。所以有人称中国是"酒桌上的国家"。饭局之外，还有许多场合，领导都可能会接到邀请。对朋友不应酬怕失声誉，对上级不应酬怕失信任，对下属不应酬怕失选票。要想提高效率，就必须区别对待，减少不必要的应酬，应不计较镜头，不计较票数，不计较礼数，腾出时间和精力，思谋大事，做好大事。我们只要真心对人，踏实做事，相信最终都能被所有人理解和认可。

制定政策的原则

制定一项好政策要遵循三条原则：适用、管用、行得通。适用，就是符合本地实际，不能照抄照搬；管用，就是对工作有一定的推动力和约束力；行得通，就是有操作性，非常具体，便于执行。

人叫人干人不干，政策调动千千万。政策在社会管理中极其重要。国家科学发展靠政策，社会事业进步靠政策，重点工程实施靠政策，推动各项工作靠政策。在一个地方、一个单位当领导，既要执行上级制定的大政策，还要主持制定落实上级政策的小政策。小政策往往影响大政策的具体执行落实，并决定本地、本单位的工作走向、质量，所以，政策制定很重要，不得不重视。制定一项重要政策要遵循三条原则：适用、管用、行得通。

适用，就是符合当时当地的实际情况，不照抄照搬。老一辈革命家经过千辛万苦，付出沉重代价才找到了中国化的马克思主义，找到了解放中国的路径。改革开放以来，凭着实事求是的思想路线，我们又开创了中国特色的社会主义道路。历史给了我们一个重要启示，那就是一地的政策，必须适应一地的实际情况，照抄照搬非但不解决问题，反而会带来很多麻烦。适合自己的才是最适用的。作为制定小政策的领导，必须要清楚这一点。适用的政策必然是老百姓拥护的政策，能为老百姓解决问题的政策。因此，我们必须要研究本地实际，根据大政策的精神，创造性地制定适用本地的小政策，使大政策能够落地生根，开花结果。

　　管用，就是对工作有一定的推动力和约束力，能解决具体问题。国家的大政策永远是站在宏观角度制定的，它的依据是国情国力，对象是全国各地，目的是全面发展。所以，大政策往往只有总体思路、路径规划和基本要求，面上指导多、点上涉及少。一个地方、一个单位的小政策则不同，不仅要明确干什么、怎么干，更重要的是要明确干不好怎么办。这样的政策，必须有具体的任务要求，必须有具体的安排部署，必须有具体的奖惩措施。这样对工作才有推动力和约束力，执行政策的人才愿意执行，或者感到不执行不行。这种政策不仅有一定的激励作用，而且有一定的强制作用。

　　行得通，就是有操作性，非常具体，便于执行。制定小政策要少说囫囵话，多说具体话。目标、任务、措施要更加得体。目标能考核，任务能实现，措施能施行，奖惩能兑现。画饼充饥或者拿大话吓唬人，最后都行不通，说了办不了，还不如不说。定了的政策执行不通，不仅影响党和政府的形象，还影响决策者的权威，尤其影响本地经济和社会事业的发展。

　　为什么我们不断出台政策，有些问题还是解决不了？原因之一是没用的政策一大堆，管用的政策却出台不了。政策是灵魂，是生命线，是推动工作的重要措施。制定政策要时时想到三点：是否适用？是否管用？是否行得通？否则，就是没用的政策。没用的政策再好也可能是一张要付出代价的废纸。

把"我"放进去

事在人为,一件事情办好办不好,和办事的人有直接关系。想把事情办好,就要把"我"放进去,使"我"与事关联,办好有奖,办不好受罚,这样,这个"我"就会努力去办事。办任何事情,如果里面没有"我",或者离"我"太远,事情就办不好。

第二次世界大战时期,美国空军降落伞的合格率为99.9%,这就意味着从概率上说,每1000个跳伞的士兵中就会有一个因为降落伞不合格而丧命。军方要求厂家必须将合格率提高到100%才行。厂家负责人说他们竭尽全力了,99.9%已是极限,除非出现奇迹。军方(也有人说巴顿将军)于是改变了检测制度,每次交货前从降落伞中随机挑出几个,让厂家负责亲自跳伞检测,否则不予购货。从此,奇迹出现了,降落伞的合格率达到了100%。这个故事告诉我们,只要把"我"放进去,奇迹就可能会出现。

领导者在日常工作中主要做三件事:制定政策、安排工作、开会讲话。这三件事无论做哪一件,都要把相关的"我"放进去。"我"是领导的工作对象和服务对象,一定要做到心中有"我",研究"我"的心理,顺应"我"的本性,找到调动"我"的办法和制约"我"的措施。制定政策、安排工作、开会讲话,如果考虑不到"我",或者离"我"太远,制定的政策就可能是一纸空文,安排的工作就可能是纸上谈兵,开会讲话就可能是对牛弹琴。道理很简单:事在人为,每个人都是一个"我",如果与"我"无关,一定是"事不关己,高高挂起"。

一是制定政策要把"我"放进去,"我"是政策的活力。国家的大政策,都考虑到了亿万个"我"。比如,土地承包政策一包就灵,原因就是土地包给"我",粮食收多收少全归我,这样"我"种地就有了主动权,有了积极性。国有企业一改就活,原因也是过去国有企业盈亏与"我"无关,改革以后,产权归了"我",企业盈亏与"我"连在了一起,企业连心,干劲倍增。所以我们一定要记住:制定一个单位、一个地方的小政策,也要做到心中有"人",把相关的"我"放进去,这样,政策才有活力。

二是安排工作要把"我"放进去,"我"是工作的动力。为什么有的工作安排下去大家的积极性很高,而另外一些工作安排之后却难以推动?两者的区别在于安排工作时,是否把"我"放进去。放进"我",工作积极性就高;没有把"我"放进去,工作热情就低。道理就这么简单。一项工作被安排下去以后,如果责任主体不明确,考核、奖惩办法不具体,或者考核不严格,奖惩不严明,一定会造成干和不干一个样,干好和干不好都无所谓,这样的工作,十有八九不会有起色。所以要切记:安排工作一定要把"我"放进去,干好了奖励这个"我",肯定这个"我";干不好追究这个"我",批评这个"我"。领导者时时不忘下级的"我",我们安排部署的工作就会按要求推进,按标准完成。

三是开会讲话要把"我"放进去,"我"是讲话的磁力。领导者经常开会讲话,都希望能有个好会风,都希望参会者聚精会神听。开会讲话要取得好效果,除了恰当安排会议内容、参会人员之外,讲话能不能把"我"放进去也十分重要。讲话如果与"我"无关,不是"我"关注、关心的话题,或者讲的问题离"我"太远,"我"就会"走思",就会心有旁骛。讲话要是把"我"放进去,讲话一定有人听。其一,讲得有趣,吸引"我","我"想听;其二,讲得有用,"我"不能误事,"我"必须听。这样的讲话肯定效果好,并且有掌声。

"距离"工作法

距离产生力。社会学家说人有功利性,人往高处走。高低有距离,距离产生追求的内驱力。因"距离"而竞争,因"距离"而赶超,"距离"是推动社会发展的一个动力源。

距离产生美,这是不争的事实。但我们在实践中发现,距离还会产生力,差距就是潜力。改革开放之初,"允许一部分人先富起来",就是打破原有分配制度的约束,让人们看到可能产生的距离,可能发展的空间。允许一部分人先富起来,大大激活了人的生产积极性和创造积极性,就像赛跑一样,大家你追我赶,争先恐后,最终使中国经济在较短的时间内取得了骄人的成就。

体育赛事有名次的距离,歌手比赛有奖项的距离,学生考试有分数的距离,国家干部有级别的距离,专业人员有职称的距离,企业有效益的距离,国家和地区有发展的距离。这些距离吸引人,同时也逼迫人努力,因此可以说,距离产生了无穷大的力。努力奋斗、缩短距离是人的基本动力源。争先恐后,是人之常情。我们要促进某项工作,就要学会适当利用"距离"的原理,调动、发挥人心向上的积极性、主动性和创造性。

根据距离产生力的原理,在工作中要设定"距离工作法"。

"制定目标、考核排队、年终奖惩"的常规工作措施,实际上就是"距离工作法"。地方政府每年年初制定并分配指标任务,并在每年年终对指标任务的完成情况进行考核排队。考核排队就排出了名次，分出了先后，产生了单位与单位之间的距离。对于这个"距离"下属单位非常敏感。

距离决定面子。作为基层领导，最难的是每年年终向上交账，最怕的是考核公示排队。如果年终完成任务或者超额完成任务，排在第一或第二，整个单位从上而下，尤其是主要领导一定是扬眉吐气、信心百倍。倘若排在最后，班子成员之间就难免互相埋怨、情绪低落。

距离决定票子。单位年终发放奖金，都要根据考核名次来决定数额的多少，名次靠前的，奖金就多。重赏之下必有勇夫，奖金也是调动员工积极性的一种重要形式。

距离决定位子。指标不仅仅是几个数字，它的背后是领导的政绩反映，是百姓富裕程度的反馈。上级对下级任务完成情况出现的距离非常重视。如果某一单位连续几年一直落后，上级领导就会分析你落后的原因，是客观原因、条件问题，还是主观原因、能力问题。如果是后者，上级领导就要考虑你的帽子、调整你的位子。

距离决定影响力。在信息化时代，每年的考核排队距离非常透明。如果本单位各项指标连年考核不靠前，就会在你的下级中形成一种消极舆论，这种舆论对工作极其不利，它不仅消磨下级意志，还会使下属人心涣散，这样就会逐步减弱主要领导的凝聚力和号召力。

因距离决定面子、票子、位子、影响力，所以距离能产生压力，距离也能产生动力。为了争魁夺先，不甘落后，我们的基层领导，日夜奔波，辛勤工作。他们深入基层、调查研究、出台政策、解决问题、招商引资、发展经济、改善民生、维护稳定。这种工作热情和奋力拼搏的进取精神，很多是距离所产生的作用。因"距离"而竞争，因"距离"而赶超，这是人向上奋斗的动力源。既然"距离"在工作中有这么重要的作用，我们就要巧用"距离工作法"。用"距离"促进我们工作，用"距离"发展我们的事业。

要善于制造"矛盾"

当领导要善于打破平衡,"挑"起矛盾,引发竞争,这是领导的重要工作方法。落差产生势能,形成动力。正方体不能做轮子是因为四平八稳。车轮可以滚动是因为圆与地面的切点有落差,不断平衡,不断出现落差,才可以不断前进。

水,面平而流缓,落差越大,水流越急;人,利均而不争,差距越大,竞争越激。长期实践证明,"大锅饭"养懒汉,平均主义没人干。在工作中,你好我好大家都好,只能四平八稳,一潭死水,这是规律。

要打破平衡,就必须"制造矛盾"。工作的压力不仅来自上级,也来自同级。同级之间,有相互攀比的个性特点。所谓制造矛盾,就是利用这一特点,挑动同级争起来。

"挑动"同级争起来的办法有三条:

一是现场开会。注重培养典型,榜样的力量是无穷的。召开现场会,推广某单位、某地方的先进经验,无疑会挑起同级参会者的心理不平衡,人家干得好,我们怎么办?现场会就是现场树典型、现场学经验、现场挑"矛盾",达到你追我赶的竞争效果,形成前有标兵、后有追兵,标兵跑步前进、追兵穷追不舍的竞赛局面。

二是观摩讲评。上级组织下级有关领导一个单位一个单位地看。看,就是相互学习取长补短;看,就是调动大家争先恐后摽着干;看,就会"揭露"单位之间相互不平衡的"矛盾"。在看过之后，上级领导一定要进行实事求是地点评。在这样一个特殊场合，点到长处，会使人满面笑容；点到短处，会使人感到尴尬。林语堂说过："有时好像争面子是人生的第一要义。"观摩点评，就是要让参会者在面子上不平衡，让一部分人有面子，让一部分人没面子，还要让一部分人丢面子，最终达到促进工作的目的。

三是考核排队。年初定的目标，到年终要进行严格考核，且对考核结果要进行排队、公示。一排队一公示就排出了先后名次。排名次无意中就"挑"起了下级相互竞争的"矛盾"。

在制造矛盾挑起竞争的过程中，需要把握干部的心理状态，不断跟进打破平衡之后的工作。一是防止目标定得太高。脱离实际的高指标，会迫使人们在经过努力也无法实现的情况下为了交账而弄虚作假。二是防止目标的偏移。不能为竞争而竞争，更不能为整人而竞争。倘若仅仅剩下了竞争的表面而没有促进工作的实质，就失去了本来的意义。三是严格竞争规则。所有体育比赛都是讲规则的，是规则规范下的竞争，违规的必须纠正。如果引起恶性竞争，那么这种竞争不仅不能达到原来设想的目的，而且会严重损伤干部的积极性，造成不必要的混乱。四是避免大局上的不平衡。打破平衡是为推动工作发展，促进事业进步。这个目的要实现，必须保证大局的基本稳定，不平衡应该在可控范围之内。

善于"制造矛盾"，是领导调动人的积极性的工作方法，要义就是：一旦平衡了，就要想尽办法打破平衡，"制造矛盾"，引起同级竞争。在不平衡中求平衡，再从平衡中找不平衡，这就是推动事业前进的主要方法。

领导学中的加减乘除

当领导要"识数",所谓"识数",就是头脑清楚,懂得趋利避害。在处理人际关系的时候要学会恰当应用加减乘除,对待同事讲加法,对待对手讲减法,调动下级讲乘法,平衡关系讲除法。

人与人相处,关系很微妙,很重要,也很复杂。许多人感叹人际关系复杂,特别是在所谓的官场。由于官场是权力所在之处,利益系于其中,当然更显复杂。当领导的,在处理人际关系的问题上要"识数",头脑要清楚,懂得多和少,懂得趋利避害,恰当应用加减乘除。

首先,对待同事讲加法。团结就是力量。要善于最大限度地团结同志,懂得多一个人就多一份力量的道理。人多好干活,干工作需要大家的共同努力。"一双筷子易折断,十双筷子抱成团","一个篱笆三个桩,一个好汉三个帮",讲的都是人与人之间的加法关系。我们的工作单位是一个团队,讲求团队精神,领导必须带头维护团队的团结,从大局出发看待问题,处理事情。要想团结人,就得讲宽容,对人不能太挑剔,要有容人之量。要容人之短,用人之长,这样,才能团结人,才能起到加法的作用。如果每天盯着别人的毛病不放,难免看扁人、看偏人,就不知不觉地应用了减法。

其次,对待对手讲减法。减少对立面,团结大多数,仁者无敌。所谓对手,不过是竞争对手,或者是意见相左的同志。所谓减法,不是消灭对手,而是通过关心、沟通达到互相理解，变对立面为"统一战线"。人心复杂，复杂在利益，复杂在感情，复杂在变化。所谓减法，就是努力使对立因素变为有利因素，求同存异，消除意见分歧，消除隔阂误会，把认识统一到工作上来，统一到共同进步、共同发展上来，使人际关系向好的方向发展变化。

再次，调动下级讲乘法。有效调动下级是领导的重要工作职责，是干成事业的必备条件。讲乘法就是层层调动，市对县、县对乡，如果调动得当，就会取得几何效应，一个积极性变成多个积极性，一个优势变成多个优势。这里的关键在于积极性的有效传递，一旦传递停止，调而不动，就会在某个环节上变成加法，甚至减法，不会再有乘法的效率。

最后，平衡关系讲除法。领导对下级要公道正派，不偏东向西，不拉帮结派。从某种意义上讲，平衡就讲半斤八两，良好的工作关系既要有一定的竞争性，又要有整体上的平衡性，只有这样，人才能保持积极的心态。如果在一个小范围内做不到利益平衡，人心就会失衡。失衡的人多了，凝聚力、战斗力就会减弱，事业就会受阻。

加减乘除，看似简单，但有的时候人们不一定能把握得好。特别是当我们因为种种原因被情绪左右的时候，当冲动俾心智降低头脑发热的时候，就可能搞不清该用什么算法，就可能把加法算成减法，把乘法算成除法。一旦算错，就会付出代价。不可能像小学生做错作业一样，用橡皮擦掉那么简单。

学会简单，不简单

简单是一种能力，懂得如何简单是一种智慧。学会简单不简单。简单不是头脑简单，而是大脑过滤、升华、优化后的简单，是从糊涂中走出来的清醒，是从复杂中走出来的简单。

面对同样的事情，思想简单的人容易决断，似乎没什么可犹豫的，而思想复杂的人却往往犹豫不决，瞻前顾后，纠结万分。官场是复杂的，正如我们生活中的世界。权力意味着复杂，权力越大，面对的矛盾就会越多，处理事情的头绪也越多。当一个好领导，应该努力成为一个思想豁达的智者，要在千头万绪的复杂中学会简单。老子在《道德经》中说过一句话，"大道至简"，悟至天成。

生活要简单。饿了就吃，困了就睡。生活其实就这么简单。一简单就快乐，一复杂就痛苦。生活简单的前提是知足。良田千顷，日食不过三餐；广厦万间，卧眠只需七尺。吃住本来简单，但我们常常因吃住复杂腐蚀了自己，败坏了党风，脱离了群众，留下了骂名。

工作要简单。当领导工作繁忙，要想超脱，一定要追求简单。美国一个著名企业家对工作经常有三问：能否取消？能否合并？能否用更简单的办法代替？有能力的领导敢于出新招破常规，善于抓主要矛盾，善于用简单的思维和简单的方法解决复杂的问题。平庸的领导常常循规蹈矩，讲究按程序办事。终日被繁杂事务缠身。每天忙得团团转，就是不见山河变。

看事要简单。无知是一种愚蠢，把事情想得太复杂也是一种愚蠢。复杂的事情要看得简单。有的领导遇事想得太多，顾虑重重，前怕狼后怕虎，非要把所有的细节都考虑好才做决断，结果什么事也做不成。当必须过河但又找不到桥的时候，摸着石头过河就成了必然，没有什么可犹豫的。工作有轻重缓急，有主次先后，提纲挈领地看，总能找到简单的路径。人常说：家有千件事，先挑紧的办。请记住拿破仑的一句话：先投入战斗，然后再说分晓。

处人要简单。人是复杂的，又是简单的。大部分人相对简单，试处三件事，可量一个人。大部分时候，我们与大部分人的关系都比较简单，对于人际关系有个基本把握就行。即使和我们关系密切的人，也仅需要把握主流，了解其大概，这样工作上就能过得去。人往往看自己简单，看别人复杂。看人复杂的人往往难以相处。在如何看人方面，沟通理解多了就简单，猜忌误解多了就复杂。善待人、尊重人就简单；嫉妒人、忌恨人就复杂。

讲话要简单。当领导有话语权，说话的机会和场合很多。时间就是金钱，时间就是生命。说大话、空话、废话，占用别人的时间，无异于谋财害命，不管任何场合，我们讲话一定要抓住要害，言简意赅，长话短说，用最简单的语言表述清楚。有的时候不是因为做不到简单，而是有的领导不知道讲话就应该简单。

掌权要简单。作为主要领导，尤其是一把手，要学会放权，不管日常事务有多繁，就抓两件事：一是出主意，二是用干部。只要掌好舵、用好人，就能管理好一个地区，为官就这么简单。

一件事只能一个人负责

一个人可以负责几件事，但一件事只能由一个人来负责。把一件事安排给几个人负责，其结果一般是人人都有责，人人都不负。在汉字中，一个"中心"为"忠"，两个"中心"就是"患"了，你看，老祖宗造字时就帮我们想好了。

一个人的四肢是成对的，而大脑和嘴各有一个，为什么呢？假如大脑和嘴各长两个，大脑各指挥各的，嘴各说各的，试想，四肢肯定会乱套。

在实际工作中，我们常常遇到一些领导为了分权、均利、平衡关系，常常把一项工作安排给几个人负责或者让几个部门牵头，认为这是所谓的加强领导，这是所谓的团结合作。殊不知，龙多不治水，多中心则无中心。实际工作起来，有利的事各自抢着办，无利的事各自躲着走。遇见问题推诿扯皮，有时各吹各的号，各唱各的调，各拉各的套，心不能往一处想，劲不能往一处使，能量内耗、效率低。一个和尚挑水喝，两个和尚抬水喝，三个和尚没水喝的故事告诉人们，一人负责尽心竭力，两人负责三心二意，三人负责四分五裂。为什么呢？这是由人性中的懒惰性、依赖性决定的。

古时作战，挂帅一人，中军坐帐，配齐副帅，选好先锋，各司其职，三军齐行，一鼓作气，获取全胜。如今的工作也是如此，挂帅必须是一人。不论事情大小，一件事只能由一个部门牵头，由一个人负责。强调一个部门一个人负责，主要是明确责任主体。也就是说，工作干不好，任务完不成谁来负责，打板要打在一个人身上，有一个人疼才能解决问题。实践证明：责、权、利必须三位一体，所谓三位一体就是干成是你的功，干砸是你的过，怎么干都是你的权。不管什么人，都怕责任是自己的，只要和我联系在一起，我就有动力，我就有压力。责任落实到我一个人头上，是干好一切工作的关键。这一招非常灵，抓住这一招则全盘皆活。

讲一个部门一个人负责，并不是指孤军作战。有许多事情还得一个部门牵头，多个部门配合，联合作战，打组合拳。牵头部门负主要责任，配合部门负次要责任。联合作战必须统一指挥，分工负责，各司其职。但主次责任必须分开，责任奖惩必须明确，责任兑现必须到位，这样才不会出现各行其是，一盘散沙的情况。强调一个人负责，并不是指一个人独断专行，搞一言堂，而要坚持民主集中制，认真调查研究，广泛听取各方意见，在民主的基础上主要负责人果断拍板，靠前指挥，这是一个人负责的重要基础。

如何与人处好关系

吃亏不是非得损失金钱,吃亏不是非得损失颜面,吃亏不是非得损失时间,有时可能是一种忍耐、一种微笑、一种沉默、一种态度。吃亏是什么?是舍,舍去一份不满,得到一份心安。

成功不过人上人,好看不过人看人,幸福不过人爱人,世间就是人与人。说到人与人,就是人与人的关系,比如夫妻关系、婆媳关系、妯娌关系、兄妹关系、邻里关系、朋友关系、上下级关系等等,要处理好这些关系必须做到以下三点。

一要吃亏。骂不还口,打不还手,是典型的吃亏。人这一生吃亏的事比比皆是。吃亏不是非得损失金钱,吃亏不是非得损失颜面,吃亏也不是非得损失时间,有时可能是一种忍耐、一种微笑、一种沉默、一种态度。吃亏是什么?是舍,舍去一份不满,得到一份心安。人除了吃粮、吃菜,还要吃苦、吃亏。粮、菜、苦、亏都是营养。吃亏是福。学会吃亏,就是修养。

二要忍让。一句话说不对他生气了,一件事办不好他翻脸了,他生气、翻脸咱们都要沉住气、不吭气。人与人的性格、习惯、爱好、工作方式各不相同,要相互适应,相互谅解。忍,就是要忍对方的脾气,忍对方的缺点,忍对方让你看不惯的地方。让,就是占上风的事让于他,沾光的事让于他,不占理的事也让于他。忍得住,不怒;让过去,不争。人越忍越和,路越让越宽。学会忍让,就是肚量。

三要不计较。"长处，看长处；短处，看短处。"如果要准备与他长时间相处，就必须看人家的长处，不要计较人家的短处。短处人人有，你一定要留心观察和辩证看待。如果不打算与他长时间相处，你就瞅他的短处，说他的缺点，这都无所谓。"长处、看长处"是长期融洽相处的核心所在。吃亏不计较，受气不计较，有短处不计较，是处好各种关系的关键。不去计较，就是胸怀。

处任何关系都有一定的磨合期。人有排他性，也就是说，人与人在初始接触阶段，都不易很快融洽，需要磨合。磨合彼此不适应的地方，关系才能密切。在磨合期间矛盾的反复出现，是人与人关系由浅到深发展的必经阶段，在这个阶段处好关系，双方或者有一方必须做到吃亏、忍让、不计较，否则，就处理不好人世间最难处理的人际关系。

怎样才能少惹人

当领导惹人是非常正常的事,因为老天爷都照顾不了小两口,男人在场上打谷嫌风小,老婆在家磨面嫌风大。风大讨好了男人,惹下了女人;风小讨好了女人,惹下了男人。我们做不到不惹人,只能做到少惹人。工作也一样,工作也是要惹人。惹人是为了工作,惹人是推动工作的一种手段。

敢惹人是主要领导必备的品质。一把手就坐在惹人的位置上,每天面对矛盾,率领千军万马,不惹人,不厉害,就不能坚持原则、主张正义、维护公平,就辨不清是非,压不住阵脚,拨不开马道。如果不敢惹人,就显得没有骨气,没有棱角,没有血性。柿子挑软的捏,不厉害,有的人还要欺负你。马善被人骑,人善被人欺。这样的领导在一个单位就会立不住,并且下属也会看不起。看不起,你就树不起威信,聚不起人气,带不好队伍,干不成事业。做一个有棱角有锋芒的善良人吧,懂得用智慧惩恶扬善,在好人那里还是好人,在坏人那里一定要露出自己的锋芒和自己的烈性。

少惹人取决于领导应有的气量。当领导,完全不惹人是不可能的,但要做到尽量少惹人。少惹人要做到三条:一是不计较,就事论事,下属说的错话,办的错事只要有改正,过去就过去了,事后不再纠缠;二是不计嫌,不猜忌,不听小话,不信谗言,不被人左右;三是不记仇,再生气的事,说完了事,不往心里去,不算后账,不整人。

少惹人取决于领导营造的气场。气场是由领导能力和自身威望决定的。一个领导在一个单位威信高，自然而然就产生了一种气场，无论在什么场合批评人，甚至训斥人，大家都能接受，即便批评错、训斥错大家也能理解，也不会赌气闹情绪，发牢骚。

少惹人取决于领导采取的方法。只要领导公公道道，被惹的人定会心服口服。对于犯了错的下属批评要注意场合，能不点名批评的，尽量不点名道姓，能个别谈话批评的，尽量不在公开场合亮丑。对处理错的、批评错的，事后一定要谈心交心，消除隔阂，取得谅解。有些因重大问题非惹不可的人，也要善待宽容，本着惩前毖后、治病救人的态度一定给人以出路。

少惹人取决于领导制定的制度。制度不认人，谁触犯制度惩罚谁。严格按制度执行，会减少很多人为因素的影响。要靠制度去管人，尽量不要人为地去惹人。

行动"说"的是真话

行动会说话，感觉也会说话，这种话是真正的心里话，但听不见，只能细细品。看人的行动，你就知道他在说什么；凭你的感觉，你就知道他在道什么。这是非常准确的，不信，请你留心观察。

合格的领导者，都有一个特长，那就是善于识人。出于工作的需要，领导要在很短的时间内，对有关的人员能做出一个基本的判断，知道他的个性、品德、能力、特长、缺点。识人是用人的前提，用人是办事的基础。只有比较准确、客观地识人，才能比较合理地用人。诸葛亮观人有七法，孟子识人有六术，都说明识人的重要。

识人这种事，不仅要听其言，而且要观其行。一个人，言为心声的时候有，言不由衷的时候也很多。特别是在复杂的环境中，人也会变得复杂，说话虚虚实实，真真假假，说的不一定全是真话，有的时候甚至一定是假话。

过去有句话，"忠不忠看行动"。言论不能代替行动，说法不能代替做法。有的人话说得很阳光，做事却很阴暗；有的人话说得很高尚，办事却很龌龊。行动最能说明一个人，行动是最真实的语言。一个人的行为，不由自主地流露着内心想法，展示出内心世界。知人知面不知心，要想知心看行动。

看人的行动，不能"一锤定音"。虽然行动是最真实的语言，但有的时候，有的行动是虚晃一枪，是刻意而为，是不得不为，是出于一定目的做给别人看的。这和假话一样，具有一定欺骗性，需要识别。不能因为一件事，就对一个人做出结论。

看人的行动，需要经过一定的时间跨度。路遥知马力，日久见人心。不到关键时刻、关键场合，看不出人的本质。顺境不如逆境时能看清楚人，平时不如战时能看清楚人，在位不如离职后能看清楚人。越是利害相关的时候，越能看出一个人的肚量、品格；越是复杂的局面，越能看出一个人的智慧、能力。

看人的行动，不能只看他对自己怎么样。有古话说：不看人待己，只看人待人。一个人对你好或者不好，都有原因，这些原因需要仔细分辨。仅仅从如何对待你自己来判断人，可能会判断失误。看一个人如何对待他人，要客观得多。如何对待上级、下属、群众、老同志、新同志，很能反映一个人的内心。

看人的行动，要细细品味自己的综合感觉。有的时候，我们的感觉是很准确的。一个人厚道或者奸诈，可靠或者没谱，严谨还是粗放，等等，我们都能感觉得到。但感觉往往是瞬间就会消失的东西，需要及时捕捉、分析，才能得出有益的结论。

领导如车，没功力就执不住

领导的驾驭能力，说的简单点就像驾车能力。驾车如果不熟练或臂力不够有劲就执不住。当领导的最怕驾驭不住权，当老板的最怕驾驭不住钱。驾驭不住权的，权大并非是件幸事；驾驭不住钱的，钱多并非是件好事。权、钱都是双刃剑，技艺不高，耍不好，就会伤了自己。

做某件事情能够得心应手，往往被形容为驾轻就熟、轻车熟路。领导的驾驭能力，说的简单点就如驾车能力。

领导管理一个地方、一个单位，犹如驾驶一辆汽车，四个要件缺一不可：一是准确把握方向；二是适度调节油门；三是清醒控制刹车；四是熟练变换挡位。

首先，准确把握方向。方向盘是汽车的重要部件，一旦方向盘失控，后果不堪设想。一个领导要驾驭一个地方、一个单位的工作，不能没有目标和方向，不能像盲人骑瞎马，骑到哪儿算哪儿。没有目标或者目标不切合实际不行。目的地不清楚，或者方向不对头，车跑得再快也是徒劳。工作没有目标，就失去了前进的方向，再怎么有力量，也只能原地打转转。找准方向、认准目标，就要锲而不舍地努力实现。

其次，适度调节油门。油门是驱动工具，油门大小决定车速的快慢。一个地方、一个单位的工作是否有起色，关键在能不能调动起大家的积极性，调动手段就是不断加油，加油就是激励。激励措施包括精神激励和物质激励。向上是因为有梦，勤快是因为有利。在某些情况下，对某种人来说，人说话不如钱说话好使。昔日移山靠愚公，今日移山靠民工，民工移山靠现金。精神激励当然重要，给面子、给位子，引导大家为理想而努力工作永不过时。但同时要承认物质利益是重要的驱动力，并且用好这种驱动力，使我们的车子保持充足的动力。

再次，清醒控制刹车。不论车开得快慢，该停的时候必须停下来，否则就要出问题，该停的时候能停下来就需要刹车。刹车是控制风险的重要工具。我们在工作中有一条重要提醒，就是不能触碰原则底线，一旦碰到原则底线就必须刹车。原则底线是保护自己的护身符，是避风躲雨的安全岛。

最后，熟练变换挡位。决定汽车进、倒、停的功能部件是挡位。挡位的变换是根据路况决定的。决定一个地区、一个单位前进、倒退、停滞的"挡位"是宏观调控和微观操作。宏观调控和微观操作都需要分析单位的内外形势，都需要认真把握全局，绝对不能盲目瞎干。对工作要整体把握、合理调控，该进则进，该退则退。有时退是为了更好地进，绝对不能顾此失彼。因此，领导者必须有根据具体形势灵活变动"挡位"的能力。

一个主要领导驾驭一个地方，如果工作不熟练工作没经验，遇到困难和问题就会有一种执不住的感觉。要想驾驭自如，必须有功力，这种功力，关键在工作熟练。熟能生巧，熟能生智，熟能生胆，熟能生法。丰富的工作经验和较强的工作能力均来自长期的基层磨砺。一定程度上讲，实践出真知，真知就是能力。如果没有一定的实践磨炼，没有长时间的痛苦煎熬，没有一定的工作经验，要驾驭一个地方、一个单位就非常困难。所以，干部自身成长要注重实践锻炼，要注重在基层工作实践中提高驾驭复杂局面的能力，这样才能驾驭权力，才能促使一个地方的稳定和发展。

第三篇
勤廉杂谈篇

官场的懒马效应

猪和狼同为动物,一个生活没有危机感,关在圈里,每天悠闲睡觉,最终成为人们的口中肉;一个疯狂拼搏,充满挑战,无限奋斗,横行天下,勤劳捕食,靠努力、靠行动自封为王!

民间流传着这样一个故事,有一天,小鸡问母鸡,可否不用下蛋,带我出去玩玩啊?母鸡道:不行,我要工作!小鸡说:可你已经下了这么多蛋了!母鸡意味深长地对小鸡说:孩子,你千万记住,一天一个蛋,菜刀靠边站,一月不下蛋,高压锅里见。

经济学中有个懒马效应,说的是两匹马各拉一辆货车,一匹马走得快,另一匹马慢吞吞。于是主人把后面的货全搬到前面。后面的马笑了:越努力越遭折磨!谁知主人后来想:既然一匹马能拉车,为什么养两匹?最后懒马被杀掉吃肉了。

仔细琢磨现实,在官场,同样有懒马效应。懒政、怠政、惰政的官员,出路和结局都不是太好,一是不被重用,二是逐步被淘汰。反之,一贯兢兢业业、勤勤恳恳、不辞劳苦、埋头苦干的官员,绝大多数步步为赢,硕果累累。

决定一个人成功的主要因素,一是"心田",二是辛苦。"心田"即你的思想,你的品德;辛苦即你的行为,你的劳作。曾国藩说,人生有两大毒药:家败离不得个"奢"字,人败离不得个"逸"字。说透了,好吃懒做不干活,是家败人败的祸根。

生活，顾名思义，人生下来就得干活，务农是这样，经商是这样，从政是这样，从事什么行业都是这样。或许你有很优越的资本，但优越的资本只是你成功的基础和条件，勤劳干活才是你成功的根本。天道酬勤，干活是成功的硬道理，是成功的第一要务。

犁地的牛挨鞭打

勤勤恳恳犁地的老黄牛，肯定是老百姓喜欢的"快牛""好牛""壮牛"，而光吃草不干活的牛应该都是"慢牛""瘦牛""病牛"，要不就是耍奸偷懒的"劣牛"。然而，生活中却是犁地的牛挨鞭打，光吃草不干活的牛晒太阳。

犁地的牛挨鞭子，光吃草不干活的牛晒太阳。在靠耕牛干农活的地方，这种现象经常存在。但是，这些俗语或许从总结出来那一刻起，就是用来喻人的。不论在机关还是在单位，挨批评多的往往都是干活多的。干活的牛，犁的地越多，挨鞭的次数也就越多。同样，机关和单位里干活多的人，犯错误的概率就高，挨批评也多。遇上没主见且喜欢听流言蜚语的领导，还专挑毛病，无端指责，叫快牛受苦又受气，流汗又流泪。

犁地的牛挨鞭子，光吃草不干活的牛晒太阳，这在管理学中被视为赏罚不明的表现，但实际上这种现象又长期存在，执鞭者不由自主地打，干活者无可奈何地挨。

鞭为什么打快牛？不论是让牛犁地还是让人干活，目的都是出活儿，鞭打快牛是最有效的办法。快牛往往都是最有能力的牛，最有潜力的牛一挨打就提高效率，一挨打就出成绩。而吃草不干活的牛，往往都是些"慢牛""瘦牛""病牛"，要不就是耍奸偷懒的"劣牛"，打死也无济于事。所以，从提高管理效率的角度出发，鞭打快牛有一定道理。

鞭为什么不打慢牛？慢牛耕地，一开始执鞭者也打，但打来打去还是慢牛。慢牛为什么慢肯定是有原因的，它们不是体弱多病，就是能力太差。这样的慢牛主人瞧不起、不重视，往往不愿役使。它们常常悠闲着、溜达着，吃饱喝足，摇耳摆尾，扬扬得意，自我感觉良好。但它们没有多大价值，一不能耕地，二不能拉车。不耕地、不拉车肯定不会挨鞭打。听不到鞭声、挨不到鞭打的牛是最悲哀的牛，因为杀掉卖肉是它最终的归宿。

　　犁地的牛应该理解挨鞭打的缘故。一是面对惰性，及时的催促，善意的提醒，提高效率；二是没有最好，只有更好，旁敲侧击，提高层次；三是挨挨鞭子，利于反思，利于提升能力。更重要的是，一头能挨鞭子干活的牛，一定是在重要岗位担当重任的牛，一定是在人们心目中有价值的牛。所以，挨鞭打的牛不要心理不平衡。鞭打是最好的鞭策，作为好牛，挨了鞭子，也要"低头拉犁不叫苦，俯首甘为孺子牛"。

　　作为执鞭的管理者，应该珍惜、爱护、培养干活的牛。挥鞭只为督促，只为提高干活的效率，而不是发泄自己的情绪。常常在快牛身上发泄情绪的执鞭者，无疑会挫伤快牛的积极性，虽然它们敢怒而不敢言或有怒而不愿言，但执鞭者应讲究方法。快牛的付出应该有回报，要让快牛甘愿挨鞭打，就需要增加对它们的奖励，满足它们的需求。挥鞭之余，执鞭者更应该增加它们的待遇，给它们开小灶、吃偏饭，让它们有成就感、自豪感、获得感。光鞭打不奖励，快牛会变成慢牛，会产生"我也不干了，我也要歇歇"的想法，肯定会出现出工不出力的现象。只有有效的激励，才能使快牛心甘情愿地挨鞭打，把挨鞭打看成极为正常的事，直到打出高素质，练出自觉性，便成了诗人臧克家所描写的《老黄牛》，"块块黄田水和泥，深耕细作走东西。老牛亦解韶光贵，不待扬鞭自奋蹄"。

社会呼唤实干家

社会上有政治家、军事家、艺术家、科学家等各种"家",他们在各自领域做出了突出的成就,得到了社会的认可和大众的尊崇。作为基层领导,要说成名成家的话,就应该成为实干家。实干家应该受到领导重视、群众赞扬、社会肯定。

信息社会是"名家"辈出的社会,各种"名家"如雨后春笋,层出不穷;粉丝团队如潮涌动,近乎职业化;选秀节目充斥电视荧屏,不断涌现,网络名人更是一夜成名天下知,你方唱罢我登场。信息时代的今天,人们有些浮躁,但却人可尽其才,才可尽其用,到处都有舞台。相信经过大浪淘沙,若干年之后,会有许多名家带着时代印记留名青史,受后人传颂敬仰。

人在仕途,都追求升迁,但职务上的升迁却是有限的,毕竟越往上走职数越少,走着走着,总有走不动的时候。如果单纯追求领导行政级别,恐怕很多人会早早走向失望。做领导的如果没有什么作为,数十年后山河依旧,"太阳还是那个太阳,月亮还是那个月亮",而你早已被人遗忘。这样的官员,或许级别很高,待遇也很好,但却没有做出什么实事,那就是虚有其名的官,是没有内涵的官,也是不能实现自身价值的官。

我们大多数基层领导不可能走到多高级别,也很难被称为政治家、军事家、理论家。但是基层领导应该成为实干家。实干家就是焦裕禄式的干部。焦裕禄带领兰考人民艰苦奋斗治理盐碱地，成为一位享誉全国的县官，他的事迹流传久远。人们一提到河南、提到兰考，就会想起这位县委书记。实干家就是杨贵式的干部。河南林县原县委书记杨贵，带领全县人民劈山修渠，建成了被后人称为奇迹的红旗渠，他的名字永远和红旗渠一起被后人传颂。这就是官不在大小，重在有为。

  基层领导应该以他们为榜样，不为名、不为利，带头实干，率先垂范，多干群众急需的事，多干群众受益的事，多干打基础的事，多干长远起作用的事。群众给了舞台，领导就要唱"好戏"。生旦净末丑，样样显身手。不要说舞台大小，不要讲角色主次，哪怕跑龙套也要跑出个精彩。只有这样，我们才可能争取到主角，才可能有更大的舞台，这官才当得有味道。整天谋官的，干事必然不专心，是典型的政治投机者；整天谋事的，跑官肯定不在意，是真正的事业实干家。百姓需要实干家，国家需要实干家，社会呼唤实干家，党内应该提倡做实干家，舆论应该宣传实干家，社会应该肯定实干家。空谈误国，实干兴邦。实干家和科学家、艺术家、军事家一样，应该受到人们的尊敬，尤其应该受到上级的重视。

把权力作为做事的杠杆

我们要把权力作为做事的杠杆，而不能作为享受的资本。手中有了权力，个人的力量可以借助杠杆得到放大和延伸，从而更好地为人民服务。

杠杆原理的发现者阿基米德有句名言：给我一个支点，我可以撬起整个地球。作为科学家，他用一个设想，把杠杆的力量说到了极致。一个关心社会，有宏图大志的人也想找到"杠杆"，找"支点"干一番事业。对领导者来讲，手中的权力就是最好的杠杆。把权力作为做事的杠杆，拿杠杆、找支点，撬动一方经济，改变一方面貌，为一方百姓带来福祉，这是为官的最大价值。

把权力作为做事的杠杆，而不能作为享受的资本，才是正确的权力观。长久以来，中国人注重做官，甚至达到"官本位"的程度。从"习得文武艺，货与帝王家""学而优则仕"等说法中可见中国人的"官念"。但是如何对待做官，认识却有着天壤之别。有人把做官看成一种物质享受，看重做官的待遇，想尽办法"发外财，食夜草"；有人沉迷于官帽本身，把官衔作为一种资本、一种荣耀，追求高官厚禄聊以自慰；有人把做官仅仅看作饭碗，做一天和尚撞一天钟，不求上进，明哲保身，甘做太平官；有人把做官视为成功的标志，作为一种自身装饰，求的是受人尊重，求的是光宗耀祖。这些"官念"带着强烈的封建色彩，和"人民公仆"的含义相悖，与为人民服务的宗旨相差甚远。

在我们庞大的干部队伍中，有不少同志思想进步，积极进取，工作踏实，政绩突出。他们有理想，有抱负，总想展示自己的才能，总想甩开膀子大干一场，但就是苦于找不到"杠杆"，没有用武之地。但有的领导，手中已经拿到了"杠杆"，可他们怕吃苦、怕流汗、怕担责，不动脑、不动手，做官图享受、混日子，拿着"杠杆"做样子。真可惜，他们扛着"杠杆"不找支点，从来就不想撬动什么。他们做几年官，基本没有什么动静，在百姓和社会中基本没有什么影响。

把权力作为做事的杠杆，做到权为民所用，是做官者应有的境界。一个人即使有十八般武艺，也要借助各种兵器来施展。有了官位，有了权力杠杆，个人的力量便可以得到放大和延伸，可以借用杠杆更好地为人民服务。把做官作为做事的杠杆，也是个人实现自我价值的途径。做官是一种复杂劳动，这种劳动十分光荣。利用手中的权力杠杆，找支点改变一方土地，造福一方百姓，确保一方平安，是何等的精神享受！做官要是没有这样的体会，就难以真正感受到做官的乐趣，更不会实现做官的价值。

自己说了算,为啥咱不干

权力大小组织说了算,口碑好坏百姓说了算,干与不干自己说了算。既然自己说了算,为啥咱不干?只要我肯干,天地都会赞。

权力大小组织说了算。一个人一旦走进仕途,都想走得远些,进步大些。然而,最终能走多远,却不是自己说了算的事情。党管干部是干部制度的原则,各级党的组织部门,代表党委对干部进行考察了解,提出调整、配备的意见和建议,然后按程序办理相关组织手续。我们能做的,只能是完成好自己的工作任务,争取向党组织交一份满意的答卷,并积极靠近组织,主动让组织了解自己的情况。

口碑好坏百姓说了算。一个领导干部口碑的好坏,不是靠自己吹嘘,也不是靠舆论宣传,最终要看百姓的评价。百姓怎么说,依据的是你的工作政绩和群众基础。口碑来自一个人的品德,来自一个人的才能,来自一个人的政绩。口碑好坏,德是基础,才是条件,绩是支撑。人品好,办实事,有政绩,百姓受益,口碑就好。金杯银杯不如老百姓的口碑,一个领导的口碑好,威望就高。

干与不干自己说了算。在什么岗位任职,群众对自己怎么评价,说实话,自己说了都不算,只有工作干还是不干,自己能说了算。按理说,自己说了算就应该好好干,这是做官的本分,是自己的权利。但在现实生活中,自己说了算,往往也不干。仔细研究,不干的主要原因有客观和主观两方面。有些地方用人风气不正,"不跑不送,原地不动;又干又拼,没人问津"。干和不干一个样,使一些干部伤了心、泄了气、滑了坡、退了步。有些干部,升官是为了享受,他们把主要精力放在了交际上,白天一团,晚上一伙,经常聚在一起吃喝玩乐,他们只想戴官帽,不想办实事,是典型的懒官、庸官。

　　在现实中,一个领导干部,干还是不干,完全取决于自己的价值观和权力观。人生最大的幸福,莫过于实现自己的梦想,体现自己的价值。在官场,能否实现梦想、体现自我价值,实际上主动权还在自己手中。一般来说,干就有实现的希望,不干肯定不会实现。干与不干,既然由自己说了算,为啥咱不干?不干,组织不会认可;不干,百姓不会信任;不干,肯定一无所获。所以,"任尔东西南北风,咬定青山不放松",我们不仅要干,而且要干得轰轰烈烈。只有干,才有希望变,只有干,才能争取自己说了算。权力大小组织说了算,口碑好坏百姓说了算,说到底,关键还是自己说了算。内因是变化的根本,外因是变化的条件。没有自己干的基础,谁都不会说了算。只有自己干,而且干得出色,组织才会让你干;只有自己干,而且干得出色,百姓才会齐声赞。

要干事就会有"不是"

办大事、做好事可能引来"不是",这是常事。干事就有事,不干就没事。想要有作为,宁可"有事"去干事,也不为"没事"不干事,这是正确对待"不是"的最好态度。不要管别人怎么说,认定对的就坚持做。对于各种"不是"没有必要多做解释,随着时间的推移和实践的检验,事做成了,"不是"自然消失,"不是"在这时也会变成"是"。

当领导就要做事,做事就会有人说"不是",这是必然。俗话说,谁在人前不说人,谁人背后无人说,有人说"不是"是正常现象。公说公有理,婆说婆有理,公婆儿媳不过四人,却各有其理,各说各理,何况是权柄在握的领导。当领导做决策、干事情,所涉之人众多,怎么可能众口一词、统一声音?做事就会有"不是",而且事越大,说"不是"的人就越多。比如,改革开放、三峡工程,都是在"不是"声中成就的大事。

"不是"产生的原因很多。事情没有十全十美,干事当中有"不是"很正常。况且,仁者见仁,智者见智。人的立场不同,观念不同。立场背后是利益,一件事往往对一部分人有利,而对另一些人无利甚至有损;人的观念不同,凡事大都有利有害,权衡利害的时候自然就会有不同看法,有的看重其害,持否定态度,有的看重其利,持肯定态度;即使利益相同的人群,有的人看得全面、长远,而有的人则鼠目寸光,只看眼前。

要干事，就会有"不是"。除了以上原因之外，还有一些复杂、微妙的原因。一些不干事的人见不得别人干事，一些干不成事的人嫉妒别人干成事，他们横挑鼻子竖挑眼，说三道四，非议纷纷。尤其不能理解的是，一个地方和单位的主要领导也经常挑下级的"不是"，这样就严重地挫伤了下级干事的积极性。人常说任劳任怨，其实任劳容易任怨难。在一个地方干事特别是干成事，往往会引出种种"不是"。如果经不起"不是"的考验，就会成为"不是"的俘虏。一个有作为的领导，在干实事、干好事的时候要有定力。在"不是"面前不能犹豫、不能徘徊、不能动摇。走自己的路，让别人去说吧！

当官做事就不能怕人说"不是"。山有多高，谷有多深。有争议的官员往往是能干事的人物，平庸的官员没有多少"不是"的争议。干事就"有事"，不干就"没事"，这基本是规律。想要有作为，宁可干事有"不是"，也别不干图"没事"。

当然，要正确认识和对待"不是"。不怕"不是"，不是独断专行，不是不畏民言，不是盲目跟风，不是背着牛头不认账，听不进不同意见。要正视"不是"，有些"不是"也有其建设性的一面，有特定价值，须仔细分辨，取其可取之处。正确的态度是决策前多听意见，决策后不惮闲言。

你是做官的官,还是做事的官

有的人为做官而做官,有的人为做事而做官。做官的官没有多少精力做事,忙铺升官的路;做事的官没有多少精力跑官,忙做实在的事。因为他们做官的出发点、落脚点不同。

做官的官与做事的官有很多不同。

第一,观点不同。对于做官的官来说,权力是一种享受,一种交际,一种体面,甚至为谋私发财提供了一种方便;对于做事的官来说,权力是一份责任,一份事业,一份义务,更是为官做事的一个平台。

第二,表现不同。做官的官爱做表面文章,看上级的喜好有选择地做事,热心于"建功立业"给上级看,热心于报纸电视造声势,一句话,一切为自己升官铺路打基础;做事的官爱做实际工作,长期在基层摸爬滚打,一心扑在工作上,热心于为百姓排忧解难,热心于下基层跑工地,热心于为民办实事。

第三,兴趣不同。做官的官贪图享乐,每天陶醉于吃喝玩乐,坐车、办公讲排场,摆阔气,高高在上,脱离群众;做事的官,艰苦朴素,时时事事务实严谨,严格要求自己,始终与群众打成一片。

第四,处事不同。做官的官,做事圆滑,注重拉拢人心,宁可耽误工作也不得罪人,说话办事八面玲珑,喜欢做顺水人情,好施小恩小惠,有些还落下好人之虚名;做事的官,做事果敢有力,说话是非分明,为人公道真诚,有些甚至会成为有争议的人。

第五，结果不同。做官的官，他的官再大，人们不仰慕他，他干的时间再长，人们记不住他，因为百姓记事不记人，不办事百姓很快会淡忘他；做事的官，不论他官大官小，他做的事在百姓中产生了影响，他创的业给百姓留下了福祉，他的业绩和名字在百姓心中留下了印记。

这两种官员的不同，根源在于价值观和权力观不同。随着干部制度的不断完善，社会风气的不断好转，做事的官正在越来越被组织重视。

一条灵魂原则

没有规矩不成方圆。规矩就是原则。干什么事都得有章法，不能随着性子来。在现实生活中有两种现象不可取，一是把原则当"圆木"，想往哪里推就往哪里推，这种做法，迟早会出事；二是把原则当"方木"，认为不能有丝毫的挪动，这种不讲灵活性的做法，也会影响办事效果。

在复杂的社会环境中，一个领导干部要想挡得住各种诱惑，堂堂正正，干干净净做人，必须心中有原则，那就是"划圈压边"。

关于"划圈"。我们在日常工作中，哪些事能办，哪些事不能办；哪些人能用，哪些人不能用；哪些友能交，哪些友不能交，自己首先要在心里划个圈。圈的边线是党的纪律、政策、原则。办事、用人、交友都必须在圈里、线内。离圈就是离谱，出圈就是出格。因为，圈外是灰色地带。圈外办的事可能是权钱交易，也可能是行贿受贿。圈外用的人可能是德行不端，也可能是无能之辈。圈外交的友可能是酒肉之徒，也可能是社会渣子。作为领导干部内心没有原则，放纵自己，游离于圈外，常在圈外办事、用人、交友，很容易被别有用心的人利用，甚至容易被糖衣炮弹打中。

在《西游记》"三打白骨精"这一章节中，孙悟空为保护唐僧，外出时常拿金箍棒给唐僧原地划圈。唐僧只要在圈里，妖魔鬼怪再使什么魔法也进不去，他始终安然无恙。但唐僧经不起妖魔的诱惑，一出圈就被白骨精捉拿了。

领导干部一定要为自己划圈。办事、用人、交友要始终把自己关在圈里，也就是把权力关在制度的笼子里。圈线是保护自己的生命线，是自身安全的防护墙。不知为自己划圈的领导干部，一是政治上不成熟，二是思想上太糊涂。

关于"压边"。我们处在社会生活中，复杂的人际关系难免干扰我们的工作，但再干扰，办事、用人、交友也必须压住边。边是原则底线，底线是任何时候都不能逾越的红线。在不出边线的情况下，有些事该办就得办；我们在工作中常说的这个刚够条件，那个刚达标准，能不能打个擦边球，说的都是"压边"。

国际体育竞赛有关标准规定，网球的压线球，乒乓球的擦边球，篮球的压哨球都算赢球。但打这种球需要技巧，需要心中有准确的定位，如果稍有偏差就会出线。在工作中"压边"办事，"压边"用人，"压边"交友都不为过，但"压边"，需要有正气，需要有底线，需要有担当。一般情况下，凡压边守住底线办的事，容易使人感谢；凡压边守住底线用的人，容易使人感恩；凡压边守住底线交的友，容易使人感动。因为这些大多都在可办可不办，可用可不用，可交可不交的边线上。

"划圈压边"是原则性和灵活性的有效结合，如果两者处理恰当，既体现一个领导有原则性，又体现一个领导有人情味。做领导实际上最难处理的是做人和做官的关系。做官有原则，做人也有原则，把两者关系处理好，"划圈压边"是一种有效的方法。

无数事实证明，一个领导干部的成功与失败，关键在自己内心有没有原则。有原则能不能坚守的关键在自己的世界观、人生观以及价值观。正确的"三观"是坚守内心原则的基础。为此，加强党性锻炼，加强自身修养十分重要。人自我修养到一定程度，"划圈压边"就会形成一种根植于内心的规矩、无须提醒的自觉、不用告诫的谨慎。所谓灵魂原则，就是这种原则永远渗透到了自己的脑海中，成为自身内在的东西。在实际工作中一触及圈和边的事，每根神经都会告诉自己应该如何去做。它是刻进血液中的自律。

从政安全之要

人最大的敌人是自己,就是说很多人战胜不了自己的人性,战胜不了自己过度的自私和贪婪。由于受到人性、认识和环境的影响,人们对战胜自己总是有一种纠结和痛苦,于是很多时候选择了侥幸和放纵自己,最后自己把自己送上了审判台。

一个人从政多年,尤其在一个地方担任主要领导,为坚持原则、维护正义,难免会伤害一些人的个人利益。利益受损者、政见不同者,就有可能成为你的政敌。一些政敌在风吹草动时,总想蠢蠢欲动、兴风作浪,唯恐天下不乱,欲置对方于死地,但只要你一身正气、两袖清风,政敌往往有枪没子弹。

政敌手中的枪,就是向上级反映问题的举报信,或在互联网上发的小帖子。子弹是什么,就是打死你的证据。

政敌能否置你于死地,关键不在枪,而在弹。是否中弹,全看自己,因为打死自己的子弹只能自己"制造"。如果自己没有致命的硬伤,没有违纪违法的事实,哪来的证据?政敌抓不到有力证据,哪来的子弹?凡是中弹者,都是你自己为政敌制造和提供的子弹。所以说,最大的敌人是自己。政敌手中没有子弹,他想害你,只能虚晃一枪,造点影响,对你而言,毫无损伤。

现实往往是地位越高的人,越看不懂自己,越会迷失自我,殊不知官场的危险,并不是来自周边和他人,往往来自自己。一个人的失败,往往不是输给对手，输给社会，而是输给自己，输给自己的自私，输给自己的贪婪，输给自己的侥幸，输给自己的放纵。克己、律己是硬规矩，做好自己才是最安全的从政守则。

转身空间论

人生就是这样，走路，走着走着往往就会遇到岔路，遇到岔路，选对路就会走向光明。走路，走着走着往往就会遇到弯路，遇到弯路，知道拐弯才不会摔跤。走路，走着走着往往就会遇到墙角，遇到墙角，关键看有没有转身的余地，有余地才不会碰得头破血流。

说到空间，在生活中可以说无处不在。比如，我们在城市买房，花大价钱买的是大空间，房子空间小了觉得憋屈。再如，人的活动空间一旦受限，就说明人的自由受到了限制。一个人一定要有空间意识，并应该把这种意识渗透在自己的脑海当中。因为空间对人来说太重要了。

酒醇饭香，是否给自己的消化留下了空间？酒再醇不可贪，贪多必醉。醉酒后有的胡言乱语，有的反胃呕吐，一旦呕吐，再香的东西也得倒出来。俗话说，一顿吃伤，三顿喝汤，说的是人遇到可口的饭菜，很容易吃撑，吃撑不要紧，关键是伤脾伤胃。因此，吃饭要吃八分饱，这样才有利于健康。

私欲膨胀，是否给自己的良心留下了空间？私心与生俱来，毋庸置疑。私欲只要控制在道德允许的范围内，也无可厚非。但私欲不可膨胀，一旦膨胀就会挤占良心的空间，一个人如果丧失良心，就会背信弃义，底线失守。

逼到墙角，是否给自己转身留下了空间？转身空间，是做人做事要坚持的原则，要管住自己，管住家人，管住身边人，始终为自己留下干净之地。我们办任何事都要给自己留下退路。俗话说，进山容易出山难。进山要找到出山的路。由于社会复杂，人生路有多种歧途。人一辈子路走得太多，谁都难免走点弯路，问题的关键是，假如走进背道，万一有些事把你逼到墙角，自己有没有留有回转余地。如果有，就能自然转身退出来，就能变被动为主动。如果想退，却没有转身空间，那后果将不堪设想。

有智慧的人，说话留有余地，做事留有空间，一切想不到的事，他都能想到为自己留有空间。要想留有转身空间就必须严格要求自己。空间意识是一种严以修身的意识，修为是一个人的软实力，不论从政还是经商都不可忽略。凡是有头脑的人，在任何环境中，在任何条件下，都不盲从，都不越底线，尤其要强化空间意识。遇事要设想，假如如何如何，我就如何如何，处处如履薄冰，因为，世上没有后悔药，如果存在侥幸心理，一失足会带来千古恨。

抗腐全靠自我定力

一个人腐败主要是无法抵御诱惑。诱惑能使人失去自我，一不小心就会坠入悬崖。诱惑如恶魔，撕扯着人原本纯真的心灵；诱惑又如毒药，湮灭着人的灵魂。诗人泰戈尔说："顶不住眼前的诱惑，就会失去未来的幸福。"余秋雨说："诱惑是无度的崖谷，坠下去粉身碎骨。"

人为财死，鸟为食亡，见钱眼开，这是人性使然。见权力不追逐，见金钱不伸手，见美色不动心，那是定力。定力就是不管遇到什么挑战，什么人性的诱惑都不被绑架。定力不是与生俱来的，而是来自后天世界观、人生观、价值观的长期改造，来自古今中外经验教训的启示和自身的磨砺，来自官场警示教育和纪律的约束。人一旦有了定力，就能体现出"根植于内心的修养和无需提醒的自觉"。定力是一个人政治素质的集中体现。

定力就是自己要有主意，信念坚定，外力难以使自己动摇。

自己有主意，就是不管社会风气如何，坚信"老实人常在，走正路不败"，从不羡慕别人投机取巧升官发财。努力奋斗，顺其自然，坚决不采取非正常手段，处心积虑地跑官、要官、买官。

自己有主意，就是不管别人如何，自己从不随波逐流，相信"苍天在上，伸手必被捉"。不管任何事、任何时候，不管任何人找、任何人压，都要为自己把好关、守住线。在自己为官期间，不能办一件糊涂事，不论任何大小事，都要经得起历史的检验。做人做事始终要胆战心惊，如履薄冰，坚持原则，不越雷池半步，从不侥幸冒险。我们要常常提醒自己，一失足带来千古恨。不怕一万，就怕万一。严格要求自己，不踩红线，不越底线，一旦碰线，高度敏感，立马收手，保持清廉。

自己有主意，就是不管自己的欲望如何，坚信"最大的敌人是自己，管不住自己，自己对不住自己"。始终按规矩办事，处处约束自己。约束自己的嘴不乱吃，约束自己的腿不乱跑，约束自己的手不乱伸。约束自己的私欲要经历痛苦的思想斗争，但换来的是心安、平安和尊严。

诸葛一生唯谨慎，吕端大事不糊涂。人生极为短暂，也极为珍贵。对于领导干部来说，常怀敬畏之心，不仅仅是人生的一种态度，更是一种自律、自尊和自爱。只有对权力、法纪和人生怀有真真切切的敬畏之心，才能更好地约束自己的言行，抑制欲望，在诱惑面前不动心，得意面前不忘形，考验面前不摔跤。

有位作家说得好："自己把自己说服了，是一种理智的胜利；自己把自己感动了，是一种心灵的升华；自己把自己征服了，是一种人生的成熟。"

人自身有监督机制

人要脸树要皮,树要没皮必死无疑,人要没脸"天下无敌"。人只要没脸,什么都不怕,什么事也能干出来。脸是一个人的尊严。尊严是人生命的外壳,一旦被打破,生命就将死去一半。

人的思想本质上是不安分的。人的本能需求什么,大脑就会想什么,但想的不一定能做、敢做,因为人自身有一种监督机制。

良心责问是种监督。良心是一个人的忠实看守。良心是我们每个人心头上的岗哨,它在那里执勤站岗,监视着我们的行动。它是安插在自我堡垒中的暗探。它在时时监督我们,不能违法,不能犯错,不能背叛。贩毒品、卖假药都背叛了自己的良心。良心一旦出问题,什么事都能干出来。人每做一件事首先要问一问自己的良心,能不能做,敢不敢做。如果良心未泯,昧良心的事就不能做,不敢做,也不会去做。如果做了,那如何面对自己?

家规、家训是种监督。长辈的言行在潜移默化地影响子女、教育子女。家风是一代传一代的大事。我们每干一件事,都要想到,做这些事会不会有辱家风?如果有辱家风,那我们该如何面对父母、面对子孙?

名节自重是种监督。凡人难挡诱惑。当各种诱惑向你招手的时候,你要知道"向前有路,后退自悟",也就是说,看看眼前,似乎哪条路都可以走,什么事都可以做,问题是做了以后的后果如何,后退的安全通道在何处?找不到安全退路，千万不能向前迈步。这一条自己一定要想清悟透。不怕一万，就怕万一，万一身败名裂，那我们该如何面对社会？

有的人既长有"前眼"，又长有"后眼"，不仅能看透眼前，而且能看透后果。当下怎么做，将来的后果是什么，他会有自己的基本判断，他永远不会盲目冲动，不会随波逐流。这种"后眼"的透视是一种智慧。这种智慧来源于自己对社会正义力量的自信，来源于自己对把握做人、做事底线的自律。

聪明之人，一味向前看；智慧之人，事事向后看；聪明之人，是战胜别人的人；智慧之人，是战胜自己的人。

想到良心、家风、名声，你不监督自己行吗？

人体健康，靠免疫力；人性健康，靠自控力。

头上自有"三重天"

人们常说:"人在做,天在看。"天有三重:道德之天、法律之天、百姓之天。人要有敬畏之心,心中有天。得道德之天可以润之,得法律之天可以安之,得百姓之天可以乐之。润人心,安天下,乐自我。德治和法治是人类自我管理的最高法则。

人在做,天在看。作为领导干部,头上都有三重天。如果意识不到这点,就不会有好结局。

第一重天为道德之天。人们常说,道德是石,敲出希望之火;道德是火,点燃希望之灯;道德是灯,照亮人生之路;道德是路,引导人们走向灿烂辉煌。道德是一个人的行为准则。一个人,一言一行、一举一动必须在道德范围内活动。不论做什么事,都不能突破道德底线。人性必须用道德行为来约束,不约束就是一个不道德的庸人、一个失去理性的浪人或者是一个没有人性的坏人。这样的人人人恨之,人人唾之。做人就要做个有道德、有修养的人。有道德就是讲礼貌,讲规矩,讲诚信,讲文明。

第二重天为法律之天。人们常说,不能无法无天。法就是天。法律的象征是天平,有法律才能平衡天下。法律至高无上,法律面前人人平等。再大的权力,再大的势力,如果你作恶多端,犯下滔天罪行,注定逃脱不了法律的制裁。

第三重天为百姓之天。人们常说,天上有多少星星,地上就有多少眼睛。东西南北中，处处是百姓。我们生活在百姓之中，我们的一言一行都置于百姓的眼皮之下。无论做好事还是办坏事，百姓都看得最清楚。要想人不知，除非己莫为。一旦己非为，百姓传闻飞。金杯银杯不如百姓的口碑，口碑一坏你就无法做人。

天有道，地有庙，国有法，家有规。做人要有敬畏天地之心，要有守法遵规之品；做事要守住道德边线、法律底线、百姓眼线，绝对不能突破这"三线"。因为人在做，天在看，举头三尺有神明。

深触灵魂的地方

俗话说,天下、家里最糟心不过两件事:一是家里有病人;二是牢里有亲人。家中只要有一种人,你就不能安心生活、静心工作。

在这个世上有三个地方对人的灵魂触动最深:一是病房,二是牢房,三是票房。

第一,病房。到了病房探视病人,我们看到病人被各种疾病折磨,就不由地告诫自己,一定要爱惜生命,平衡心态,保持乐观,调养身体,坚持锻炼。尤其经常提醒自己,生命贵在运动,运动贵在坚持。天下最好的医生是自己,最好的药品是阳光。身体是固定资产,保健是储蓄存款,得病是欠债还钱,死亡是股市崩盘。要想活得健康,必须坚持锻炼。

第二,牢房。在反腐教育警示片中,我们看到"警车鸣叫,银铐入狱,电网高墙"那不寒而栗的场面;听到罪犯声泪俱下、追悔莫及的痛哭诉说,想到他们过去曾是座上宾,如今却成了阶下囚,不由得心惊肉跳。暗暗告诫自己,一定不能违法,不管遇到什么诱惑,始终坚守底线;时时提醒自己,别伸手,伸手必被捉,为了自己和家人的安全,不能侥幸冒险,不能越雷池半步。面对复杂的社会环境,更要如履薄冰,如临深渊,小心谨慎地做人做事。

第三,票房。走进影院看一场电影就是一场深刻教育。如观看电影《焦裕禄》。焦裕禄在兰考任职的短短475天里,昼夜不分地带领群众治理内涝、风沙、盐碱三害，努力改变兰考面貌。他身患肝癌，依旧忍着剧痛坚持工作。他心里只装着人民群众，唯独没有自己的感人事迹感动了兰考人民。追悼会那天，兰考四面八方来祭拜的群众有十多万人。焦裕禄爱岗敬业、敢为人先、无私奉献、淡泊名利、心系群众，其至诚报国的精神和伟大情怀深深触动着我们的灵魂。我们崇尚英雄，为英雄感动，为英雄流泪。一些人恨不得重返岗位，撸起袖子，甩开膀子，大干一场，为本地经济转型，为早日实现中国梦再拼搏一回。

"三房"警示人生，告诫我们：要敬畏生命、敬畏法纪、敬畏职责，要好好做人、好好做官，做一个健康、平安、幸福、受人尊敬的人。

有权就有鬼跟来

有权就有鬼跟来,权越大鬼越多。权力后面跟着名利,跟着拥戴,但也跟着贿赂,跟着色诱。意志不坚定,经不起诱惑,就容易犯错误。

权力有很强的吸引力,在管辖范围之内,需要通过权力办事的人都会靠拢权力。君子向你靠拢,小人也向你靠拢。要知道,有权就有鬼跟来,权越大鬼越多。所谓"鬼",就是那些为达到个人目的行贿赂、送美色的人,其本性极端自私,其手段卑鄙恶劣,一旦中了他们的"鬼计",后果不堪设想,所以我们不得不防。

防鬼先要识破鬼。随着阅历的增加,我们可以见识到许多鬼,久而久之便可大致掌握鬼的特征,这对于防鬼大有益处。我们要特别警惕三种人:官不大却特别能办事的人,挣钱不多却特别能花钱的人,不太熟悉却特别能套近乎的人。这三种人往往与鬼有着联系,或者本身就是鬼。一般情况下,能看透这些人就能识破这些鬼。

打铁先得自身硬,防鬼先得自身正。"苍蝇不叮无缝的蛋",鬼和鬼往往心有灵犀一点通,只要你心中有鬼,鬼就会和你一见钟情,一拍即合。内心的鬼,是极度的私,是无节制的欲。私欲一旦按捺不住,这内鬼便会勾来外鬼一起捣鬼。所谓鬼迷心窍,其实是鬼不迷心心自迷,心中有鬼鬼自来。身正不怕鬼跟来。鬼敢不敢跟来,主要取决于掌权人的世界观和权力观,如果掌权人一身正气,堂堂正正，阳光做人，什么鬼都不敢跟来。鬼怕的是恶人，鬼怕的是正人，心正身正便无邪。一个称职的领导者必须严格控制私欲，必须严格管住自己，必须做一个身正无邪钟馗式的"恶人"，因为无私才能无畏，无畏才能压邪，压邪才能为官。

识鬼、防鬼，但不要怕鬼。身正的人可能要遭恶鬼侵害，因为你不跟鬼一起捣鬼，甚至揭露了鬼的真面貌，有时还挡了鬼的去路，侵害了鬼的利益，鬼就会想尽办法攻击你，排挤你，陷害你。这一点我们也要有充分的思想准备。但我们只要依靠组织，依靠群众，依靠法律，就能驱鬼。无论如何，鬼就是鬼，他见不得阳光，上不到桌面。再厉害的鬼，也只能在暗地里兴风作浪，在阴沟里繁殖生长。只要你光明正大，走正路，走大路，就永远不要怕鬼。

用人腐败是"烂心"的腐败

看一个领导是否公道正派，只看他一条，就是用人是否公道正派。最大的腐败莫过于用人腐败，用人腐败是"烂心"的腐败。一棵白菜，皮烂了可以一层一层剥掉，但心烂了就得整个扔掉。

当领导要决策，智者千虑，必有一失，领导也难免有办错事的时候。但有的错误容易弥补，有的错误却损失巨大。这损失，那损失，用错人是最大的损失。这腐败，那腐败，用错人的腐败是"烂心"的腐败。人怕心烂，树怕根烂。用错一人，满盘皆输。

一个地方或单位的一把手，举足轻重，用之不可不慎重。俗话说，"兵熊熊一个，将熊熊一窝"。一个好班长，能带出一个好班子，一支好队伍，一地好风气。相反，一个孬班长，带不出好队伍，干不出好事情，轻则迟滞一地事业发展，重则损害一方政权的健康，给事业带来巨大危害。

一把手用好了是福，一把手用错了是祸。一把手如果德才兼备，务实能干，一个地方一定会经济发展，社会稳定，人民群众幸福安康。如果一个地方的一把手能力一般，那么，这个地方的工作一定不会有大的起色。如果一个地方的一把手不正派，那么这个地方首先会坏了风气。坏风气首先坏在用人上，他任人唯亲、拉帮结伙，不顾党的干部政策，不管对社会有什么影响，我行我素，胡作非为，把无能、平庸的干部，放在了很多重要岗位上，这种导向作用太可怕，必然会使混日子的悄悄排成队。一个干部一面旗，大家见到红旗会向前冲，见到白旗会往后退，后退的人多了，整个干部队伍的积极性就会严重挫伤，整个地方的发展便会失去活力。事在人为，人不作为苍天也发愁，最后遭殃的还是百姓。经济靠自然发展，百姓靠外地就业。这样的领导在位三五年，后患也会逐渐显现出来。后人来纠正，还得三五年。这种损失怎么能不叫人心疼和心酸？

反腐败，重点往往仅放在了反贪、反贿上，而忽视了惩治用人上的腐败。当然，经济腐败严重地败坏了党和政府的形象，应该坚定不移地反对，但是用人腐败损害的是百姓的大业，是最根本的腐败，是最大的腐败。他坏的不是一个子，而坏的是一盘棋。

一旦用人不当，尤其是一把手用不当，其权力无边，"绝对权威"必然获得"绝对权力"，最终导致"必然腐败"。干部监督不是失之于软就是失之于远，使党内民主落实不到位。正因为成也一把手，败也一把手，所以，使用一把手要慎之又慎。用错一把手，就会像白菜"烂心"那样，给整个地区造成难以估量的损失。

前进路上知拐弯

人在政坛中,会遇到很多的困难、挫折、坎坷,其实这是非常正常的,没有一个人前进走的路是平坦的直路,他总会遇到这样那样的问题,不要悲观、失落、堕落、逃避,而要另辟蹊径,另找一条路。这条路可能是弯路,走弯路也是前进的一种选择。

为官成功的关键不在起点,不在终点,而在拐点。

道路曲折,我们要知道调整和拐弯。开车长途跋涉,必会经过许多大大小小的弯道。我们要安全行驶,顺顺畅畅地到达目的地,必须时时注意调整、注意拐弯,不注意调整和拐弯随时都可能会有危险。

政途坎坷,领导干部在官场也必须要学会调整和拐弯。在工作过程中,我们难免犯错,犯错不要紧,关键是必须知错改错,而不能一错再错,该调整时必须调整,该拐弯时赶紧拐弯,该刹车时立马刹车。不调整、不拐弯、不刹车,一条路走下去,有可能前面就是悬崖。

这个世界,弯路有无数条,绝路只有一条。区别是,弯路是把正路走绕了,绝路是把正路走反了。弯路是山重水复,绝路是一去无返。当路走不通时,何不选择拐弯呢?

我们辛辛苦苦一辈子,起步难,进步更难。从政几十年,从起点到终点,路经许多拐点。有的人在拐点面前迷茫,看不清方向,翻了车;有的人在拐点面前彷徨，拿不定主意，止了步；有的人在拐点面前固执，直接撞南墙，丧了命。

我们每个人都手握自己人生的"方向盘"，都需要不断调整思路，调整心态，调整方向。这种调整就是头脑清，识大体，管自我，就是把握正确的人生观和价值观，抱有坚定的信念和人生目标，不怕迷雾挡道，不受风向影响，不受诱惑干扰，不因固执坚持，不为进退犹豫，有原则、有立场、有定力，看准方向，沿着大道，坚定不移地不断拐弯前行。

人生天地间，路路九曲弯，从来没有笔直的道路。水能流到大海，就是因为它巧妙地避开了所有障碍，不断拐弯前行。人生路上难免会遇到困难，拐个弯，绕一绕就有出路。山不转，路转，路不转，人转。只要心念一转，逆境也能成机遇，拐弯也是向前行。

路行千里必有弯道，大道朝前必有拐点，这是客观规律。在政界，及时调整和拐弯是规律使然，有着深刻的学问。

将军赶路不撵兔

人生要有梦想,事业要有目标。主攻目标一旦确定,不仅要全力以赴,而且要经得起诱惑,全心全意,锲而不舍,只争朝夕,奋力赶超。

"将军赶路不撵兔"是一句简单明了的俗语。仔细琢磨,道理却很深刻,这对于有志于从事领导工作或者管理工作的人来说,很有启发。

"赶路"始终不能忘了目标。人生精彩与否,首先要确立自己的目标,让自己在奋斗的路上有方向,有奔头。有无目标,正如打靶,指哪打哪和打哪指哪是两种不同的状况。年轻干部应该有自己的政治理想,在具体岗位上要有工作目标和人生成长目标。将军之所以赶路不撵兔,是因为重任在肩,军情紧急。假如去撵兔,就可能耽误时间,因小失大,得不偿失。将军赶路,打仗是压倒一切的目标,赶路是主要任务,其他统统都是小事。

"赶路"始终不能分心。现实生活中,许多人有目标,为什么却半途而废?多数原因是,他们在朝着目标前进的路上分心太多,浪费了许多宝贵时光,耽误了自己的美好前程。他们有的把精力花在了权钱交易上,既当官又做买卖;有的把精力用在了找捷径、拉关系上,整天吃吃喝喝、拉拉扯扯;有的把精力费在了吃喝玩乐上,中午喝酒喝得酩酊大醉,下午睡觉睡得忘了开会,晚上跳舞跳得意志衰退。人生苦短,仕途更短。"赶路"是一种进取,要珍惜时光、只争朝夕、奋力赶超;"赶路"是一种专注,我们要孜孜以求、死盯目标不放弃,不达目的不罢休；"赶路"是一种坚韧，不管路上有什么美景和诱惑，我们都要锲而不舍、马不停蹄，朝着主攻方向快速前进。

"赶路"始终要经得起诱惑。要守得住目标，一定要经得起各种利益的诱惑。现实环境中诱惑多多，为官的"生态环境"不好，有权就有鬼跟来，吃喝玩乐、金钱美女，都可能让人乐不思蜀，马失前蹄，随时都有可能忘记自己是干什么的，不知不觉就走上了邪路，丧失了方向和目标。楚汉相争时，项羽曾经一度占有优势，手下有人劝他建都称霸，项羽却认为"富贵不归故乡，如衣绣夜行，谁知之者？"终究没有经得起衣锦还乡的诱惑，丢失了目标。相反，刘邦打进咸阳城之后，也曾想留在城中享受宫室中的珍宝嫔妃，但关键时刻还是听取了张良、樊哙的劝阻，能够审时度势，退出咸阳以谋长远，最终成就大业。

现代社会，诱惑太多。以上网查阅资料为例，比如你要找的是公文写作，可打开页面后，出现了多个窗口，有甩卖疯抢的促销商品窗口，有上下飘动的各种小广告，只要一不留神点击进去后，会在里面绕半天也出不来，甚至忘记了自己的初衷是什么。可见，你的主要目标是什么，自己一定要认得准、守得住，要经得起诱惑，分得清主次，方能不迷失初衷。

《道德经》有言："少则得，多则惑，是以圣人抱一以为天下式。"将军赶路不撵兔，就是说人要有"抱一"的精神，要抱定一门心思，始终做好一件事情，那么，离我们心中的既定目标就会越来越近。

做官一阵子,做人一辈子

官前官后都是民,做官先做人。吃百姓饭,穿百姓衣,莫道百姓好欺,自己也是百姓。骑百姓马,坐百姓车,莫道做官威武,自己也是百姓。

在为官者的一生中,做人与做官从时间上相比,做人是一辈子的事,而做官是一阵子的事。人的一辈子如果选择了做官,大体可以做几十年的官,但从始至终在一个岗位上做官的人很少,总要不断地调换岗位。人生苦短,对每一个特定的岗位来讲,做官确实也是一阵子的事。一个好人、好官,经营好一阵子,才能留下一辈子的好名声。

做官一阵子,自豪一辈子。做官应该有自豪感,这种自豪感不是来自乌纱帽,不是来自光宗耀祖,而是来自实实在在的政绩。在领导岗位上,要尽力为人民办实事、做好事、解难事,力求所作所为不仅有利于现在,更应惠及子孙后代,让群众满意、让百姓称道、让社会认可、让组织肯定。这样的官才有成就感,才能真正在成就事业的同时实现自我价值。这样的官不仅自己会感到自豪,而且亲人、朋友、乡亲都会为你感到自豪。

做官一阵子,坦然一辈子。做好人是做好官的基础。要想坦然一辈子,就要廉洁奉公,谨慎做人,坚持原则,坚守底线,不做昧心事,不做缺德事,不谋算人,不祸害人,做堂堂正正的人,做坦坦荡荡的官。

做官一阵子,无悔一辈子。要做到真正不后悔很难,但我们可以争取在生命结束之前少些后悔。该做的事不做，会后悔；该做的事没有尽力，也会后悔；不该做的事做了，更后悔。要想少后悔，思想最重要，对于为什么做官，做什么样的官，做了官干什么，要时刻保持清醒头脑；要想少后悔，行动最关键，认准为人民服务，就要尽心、尽力、尽职、尽责，最大程度地做好，无愧于自己，无愧于岗位，无愧于时代，无愧于百姓。

一阵子和一辈子的问题，完全取决于人的世界观。有的人是抓住了一阵子，结果折腾了一辈子，非常令人心痛。这样的官不多，但确实存在。他们的世界观、价值观发生扭曲，奉行"有权不用，过期作废"的信条，认为做官就是享受，做官就要发财。他们抓住掌权的一阵子，利用权力瞎折腾，走一处、捞一处，走一处、毁一处，给党和人民的事业带来很大损失，在百姓当中影响极坏。

有种干部，工作之中吃拿卡要，不给好处不办事，给了好处乱办事；工作之外吃喝嫖赌，什么钱也敢要，什么人也敢交。这种人往往生活情趣低俗不堪，他们炫耀一掷千金的豪气，表现追腥逐臭的勇气，不讳旁门左道的邪气，毫无共产党人的正气。这种人，做一阵子的官，不论于党、于民、于国还是于家，都是不折不扣的败家子。

共产党的干部，应该有远大理想和高尚追求，应该有一定的思想境界，时刻想着在做好人的基础上做好官，要在一阵子的时间内追求一辈子的无悔。

第四篇
修养杂谈篇

"椅"和你

权力是椅,掌权人是你。现在你有椅,人们才找你。在掌权时,要做到让人们既找椅又找你,就必须认真打造你,打造不好你,有椅也没有你;打造好你,即使离开椅,背后还有椅。

"椅"的本义是有靠背的坐具,但在实际使用中,常常被引申出其他意义,比如指一定的位子。在英语中,椅子和人两个单词组成一个词,意思是主席(chair man)。梁山好汉按权力大小分别排座次,权力排在第一位的称作"坐第一把交椅"。在官场,"椅"特指职位。有了一定领导职位,就有了一定权力。但是同样的椅,不同人坐着,权威也会不同。因为一个领导的个性特点不同,会导致职务的影响力不同。所以,"椅"和"你",相互联系而又不尽相同,有统一的一面,也有不同的一面。

在位的领导要明白一个道理:你是你,椅是椅,你代表不了椅,椅也代替不了你。人们每天忙着在找椅,而不是在找你。职务有名称,你自己也有名姓,有时看起来两者是一码事,实质上是两码事,椅永远是椅,你永远是你。坐在椅上容易使人混淆,离开椅人们才看得清楚。所以,我们一定要正确对待权力,正确对待自己,不要得意忘形摆架子,不可一世胡作为。如果做不好官,做不好人,人们就可能是当面怕椅,心里恨你;当面敬椅,背后骂你;台上围着椅子转,离开椅子没人看。坐在椅上的人一定要看清、看透椅和你的关系。

民间有这样一个故事：寺庙有头驴，每天都在磨房里辛苦拉磨……天长日久，驴渐渐厌倦了这种枯燥、辛劳的生活。它每天都在寻思：世界那么大，要是能出去看看，那该多好啊！得偿所愿，终于，机会来了！一天，寺里的长老让驴驮着东西，牵着它下山去，驴兴奋不已。来到山下，只见路上的行人，都虔诚地跪在两旁，顶礼膜拜。一开始，驴大惑不解，不知道人们为何要对自己叩头跪拜，慌忙躲闪。可一路上都是如此，驴不禁飘飘然起来，心想：原来人们如此崇拜我。所以，当它再看见有人路过时，就会趾高气扬地走在路中间，腰杆笔直、虎虎生风……回到寺里，驴认为自己身份高贵，应该像菩萨那样，配享香火，再也不肯拉磨了。长老无奈，只好放它下山。

驴刚下山，就远远看见一伙人敲锣打鼓迎面走来。它心想，一定是人们前来欢迎我的，于是大摇大摆站在路中间。这是个迎亲队伍，哪能想到竟被一头驴拦住了去路，人们怒不可遏，棍棒相加，打得驴皮开肉绽……驴灰溜溜逃回寺里，奄奄一息，它愤愤地告诉长老："人心险恶啊！上次下山时，人们对我顶礼膜拜；而今天下山，他们竟对我下此毒手……""唉……"长老长叹一声："果然是头蠢驴！那天，人们跪拜的并不是你，而是你背上驮的佛像啊！"

人生最大的不幸，就是无法看清自己。离开位子，也许自己什么都不是！

在这个世界上，唯有两样东西是自己的，别人抢不走，也无须被捧摔：一是人品，二是学识！

坐在椅上的人一定要打造好自己。权威是"椅和你"的统一，不要认为有权就有威，权是授予的，威是靠自己的能力、品行、业绩赢得的。如果坐在椅上有权没威，实际上等于有椅没你。在职期间为人民办了好事、实事，人民群众心目中既有椅又有你，而且还有可能小椅变大椅。如果你在群众中没有影响，口碑也不好，那么很可能群众心里光有椅而没有你，或者时间不长人们就忘记了你。

椅是百姓的椅，坐在椅上，一定要心里装着百姓，一心为百姓办事。俗话说，坐有坐相，站有站相。只要一天坐在椅子上，就必须坐得正、坐得直、坐得稳，做到公平、公正、正直、无邪。椅是神圣的，它不属于你，我们既不能愧对椅，又不能脏了椅。百姓让你坐椅，不是让你享受，不是让你坐在椅上喝茶看报,而是让你为民效劳。我们一定要利用椅的能量,充分发挥你的作用,让椅和你结合得更加得体。

  坐椅的经历是你的一程,不是全程。有椅时的你一心做官自然是对的,但却不能忘记做人这个根本。有的领导一旦从椅上退下来,就会无所适从。有椅时前呼后拥人挤人,无椅时门前冷落鞍马稀;有椅时要风得风要雨得雨,无椅时诸般小事都是难题;有椅时吐口唾沫砸个坑,无椅时喊破嗓子没人听。这些都是椅上没有做好你的明显反映。但是即便在椅上做好你,客观地讲,在椅上和不在椅上确有一定差别,这并非人走茶凉,人情冷淡,这也是官场上的一种正常现象。铁打的营盘流水的兵,你方唱罢我登场,人家该找椅的还得去找椅,没有椅的你还得好好做你。若能这样想,失落感才会减轻一些。但必须承认,在位时能否做好人与自己的将来确有关系。椅上做好你,即使你离开椅,你的背影里还有椅。不管你官做的多大,人人都是坐椅一阵子,做人一辈子,坐椅是暂时的,做人是永远的。

三则深刻道理

年轻人有一样东西必须吃：吃亏。"亏"中有营养。俗话说，小事不忍，坏大事；小亏不吃，吃大亏。学会吃亏，培养的不仅是豁达的心胸，有时候还能免去冲动带来的恶果。所以说，吃亏是福。

打拳收放的道理。为了有力，打拳必须要先收回来再打出去。如果不知道先收后打，打出去的拳永远没有力量。做人做事做官亦是同样道理。然而，收拳不是一件容易的事，收，需要有理想和目标，需要牺牲暂时的利益，需要一定的智慧。干部从机关到基层工作就是收拳。收，必须吃当下苦，受当下罪。收拳是为将来进步积蓄力量，奠定基础。

汽车进退的道理。汽车是前进的工具。当行驶中需要后退的时候，人们自然毫不犹豫地会后退，因为后退是为了前进。在个人成长过程中，当需要后退的时候，人们总感觉痛苦，并且极不情愿，但是想想汽车后退的道理，不退能掉头前进吗？不退能找到停车位吗？退是相对的，进是绝对的，前进的退是必然的，是不以人的意志为转移的。我们每个人必须要正确对待前进路上的后退，面对后退不悲观，不气馁，用积极的态度，让退成为暂时的等待和准备出发的条件。

檐下低头的道理。俗话说，人在屋檐下，不得不低头。当然在屋檐下低头是件非常委屈的事，内心必然不舒畅，既窝火又窝气。在檐下不得不低头时，必须有一定的心理忍受力。要知道，暂时的低头是为了将来的出头和意得志满时的抬头。韩信"胯下之辱"的故事告诉我们,男子汉大丈夫必须能屈能伸。当时的胯下之辱,才激起韩信日后的矢志奋斗,才实现了他的理想和抱负。试想如果没有当初的胯下之辱,能有后来名满天下的韩信吗?

打拳收拳,汽车倒退,檐下低头,都是小道理中的大道理,讲的都是一个人成长进步、成就事业的规律。是规律就不能违背,规律是块铁,谁碰谁出血。

从政"三硬"

自身硬、本事硬、脾气硬会产生一种气场。这种气场虽然看不见、摸不着，但它有一种力量，无时无刻不在影响着部下，有的敬而远之，有的惧而远之。主要领导有了这种气场，单位就会正气上升，邪气下降。

从政要"三硬"：自身硬、本事硬、脾气硬。

第一，自身硬。打铁先得本身硬。一是心硬，当主要领导在顾全大局、坚持原则、维护正义时，就不能儿女情长，被感情左右，该出手时必须出手；二是腕硬，当主要领导在工作中经常遇到许多棘手事、绊脚石，不解决就无法前进，要解决就不能怕事，必须敢于碰硬，不怕惹人；三是骨头硬，泰山压顶不弯腰，有骨气，贫贱不能移，威武不能屈，富贵不能淫，冻死迎风站，饿死挺肚行；四是作风硬，一身正气，两袖清风，不贪不占，有过硬的作风，说话硬，发出的指令硬，带出的队伍更硬。不管来什么风，遇什么雨，我自岿然不动。俗话说，林子大了，什么鸟都有。人往往是欺软怕硬，柿子挑软的捏，身不硬必然遭人欺。自身硬会驱散歪风邪气。

第二，本事硬。在政界，本事硬就是靠自己的真才实学，不凭后台，不凭关系，凭自己的硬本事闯天下、干事业。硬本事体现在以下方面：一是站得高，看得远，指导思想、战略方针既超前又符合实际；二是抓实际工作有招数，有办法，推进力度大，实施效果好；三是协调能力强，各种关系都处理得恰到好处。

这些本事都来自实践，来自自己的智慧和能力。没有硬本事的领导，是平庸的领导。常常碰见矛盾绕道走，遇见问题不插手，不是他故意绕道走、不插手，而是他没有能力处理矛盾和解决问题。这种领导，是扶不起来的"阿斗"。

第三，脾气硬。脾气硬的领导是硬汉，一般比较严厉。他的言行，有意无意地告诉上司，你可以无理训我，但不能无理欺人；如果我忍无可忍，我有脾气，不会任你摆布。此外，在日常工作中，他强硬的工作作风，告诉部下，我说一是一，说二是二，如果你要说三，不行；我安排的工作，你必须圆满完成，如果你敷衍、偷懒，不行；有意见不说在明处，却在背后非议、耍滑，不行；你可以在背后骂我，但如果你在众人面前侮我，不行。凡是以上提到的不行，都是我的脾气，而且很硬，硬到什么程度，轻者让你面子下不来，重者让你付出一定代价。脾气硬是领导威力的"一把刀"。但前提是自身硬、本事硬，如果自身不硬、本事不硬，让别人抓住你的软肋，真是让你没脾气。

从政"三敢"

敢惹自己,是挑战自我、战胜自我的一个艰难过程。每个人自身都有两大弱点,一是贪懒;二是贪占。如果你没有毅力战胜懒惰,没有决心拒绝贪占,那就说明你的勤斗不过你的懒,你的廉斗不过你的贪,你自身的正能量抗不过你的负能量。最终,是自己惹不起自己,是自己输给了自己,是自己打垮了自己。

从政要做到三敢:敢惹人,敢"惹事",敢惹自己。

第一,敢惹人。一个地方主官,率领千军万马,兵不斩不齐,要斩必然惹人。慈不带兵,义不掌财;要想统兵,就不能怕惹人。

第二,敢"惹事"。领导敢于担当,很可能要承担风险。如处理难办的信访案件、拆迁"钉子户"、维稳端黑社会老窝、反腐啃硬骨头,等等,你要捅此马蜂窝,就有可能给你和你的家庭带来麻烦,不是打电话威胁,就是扔石头恐吓。但为了国家和人民的利益,我们不能怕惹事,要相信正义的力量和法律的威严,即使有危险也得挺身而出,明知山有虎,偏向虎山行,这是主要领导的一种责任担当。谨小慎微,树叶掉下来怕砸了脑袋,怕事、躲事,没有骨头、没有胆气、没有血性的领导是不称职的领导。

第三,敢惹自己。别人有缺点,有问题,作为领导都敢于批评,敢于斗争,但轮到自己,则往往回避问题,隐瞒错误,把自己包裹得严严实实。作为领导,别人有错敢惹,自己有错不敢碰,显然难以服众。正人先正己,说的就是敢惹自己。自我批评是惹自己，自我检讨，自我揭短，红红脸，出出汗；严以律己是惹自己，狠斗私心一闪念，管住自己，管住家人，管住身边人。不贪不占，不犯纪律，不违法规，不惹麻烦；挑战人性弱点是惹自己，如敢说真话，敢听真话，因为说真话会惹人，听真话会刺耳；克制自己的脾气是惹自己，因为江山易改，秉性难易。敢惹自己是完善自我、提升自我、壮大自我的重要途径，敢惹自己，就是自我革命。

在工作中，敢惹人体现的是领导的一种责任，敢"惹事"体现的是领导的一种担当，敢惹自己体现的是领导的一种境界。

从政"三害"

傲慢自毁人格。凡傲慢的人,都处理不好人际关系。他看不起人,人更看不惯他。一个处理不好人际关系的人,前进路上会有很多障碍,会走很多弯路,再有本事也不会有太大的出息。

从政"三害":傲慢,多言,懒散。

第一,傲慢。大凡有权、有钱、有势的人,如果修养不到位,就会傲慢。傲慢的人,一是狂言。说话声高而且出言不逊,盛气凌人,不可一世。二是自负。整天摇头晃脑,扬扬得意,不把任何人放在眼里,老子天下第一。三是放肆。什么都敢做,不怕别人说三道四,更不怕别人戳脊梁骨,我行我素,胆大妄为。傲慢的领导通常藐视他人,也无法处理好人际关系。人一旦有了傲心,必然会在好多方面放松警惕,祸乱、失败也必然接踵而至。傲慢通向自取灭亡之路。上帝叫你灭亡,必先让你猖狂。

第二,多言。人常说,言多必失;心要善,言要慢;敏于行,讷于言;雄辩是银,沉默是金。在官场能做到少言是一种修养。多言的领导表现有三:一是夸夸其谈。尤其在春风得意时,容易得意忘形,自吹自擂。二是信口开河。嘴上没有把门的,想到哪儿说到哪儿,明明说得不对,还强词夺理与人争辩,且不分场合妄议他人,说张三长,道李四短。三是牢骚满腹。受点委屈,有点怨气,肚里装不下,到处发泄,生怕别人不知道。因此要戒多言,就是在面临人和事的时候，要做到自我控制，避免祸从口出。慎言慎语是从政的一种口德。

第三，懒散。从政懒散就是懒政怠政。懒政的领导表现有三：一是上班迟到早退，生活自由散漫，干活没精打采。二是工作松松垮垮、推诿扯皮，不主动、不积极，能推则推，能躲则躲。三是不动脑，不实干，工作没思路、没举措，盲人骑瞎马，干到哪儿算哪儿；作风漂浮，天桥的把式，光说不练，光有唱功，没有做功。几度春秋，山河依旧，面貌未变。懒散是人性的弱点，懒政是为官的大敌。天上掉不下馅饼，想登顶看景，又懒得攀登，只能抬头仰视，望山兴叹。

从政"三道坎"

时序尚有春夏秋冬,世情又岂无冷暖炎凉。一个有智慧的人,面对嫉妒、挫折、诬陷,他不但无所畏惧,反而会借此考验,培养忍住之德,训练坚强之志。人唯有逆风扬帆,才能磨炼心性,才能开发智慧。

人在政坛中走,谁都绕不过"三道坎",这三道坎就是对每个人的严峻考验。一是嫉妒的考验,二是挫折的考验,三是诬陷的考验。

第一,嫉妒的考验。在同一起跑线上竞争的强者,初始阶段相互羡慕,互相鼓励,携手前进,发展到一定阶段,你的地位明显超于他、高于他之后,他自然心生嫉妒,心里总觉得不舒服。羡慕嫉妒恨,发展到恨的阶段,左眼瞅你的毛病,右眼找你的缺点;当面挖苦讽刺,背后说三道四。当你的利益与他的利益发生冲突时,他可能还要搞点小动作,向上打个小报告,向下散布点小谣言,虽然伤不了你的筋骨,也会擦破你的皮。

嫉妒之心,人皆有之。俗话说,一家过光景,十家瞭高低,过得好了不忿气,过得赖了憨笑你。左宗棠说过:"能受天磨真铁汉,不遭人嫉是庸才"。在政界、商界的成功者,一路奋斗,一路走来,肯定会有人嫉妒。一个人没人嫉妒是庸者。嫉妒你的人,层次越高,说明你发展得越好,应该感到自豪,应该以宽厚的胸怀对待嫉妒者,不应过分计较,不应以牙还牙,与他为敌。

第二,挫折的考验。人在政坛,挫折是登堂入室的门坎。工作失误、停职处分、选举落选、提干落榜等，都是从政者常见的挫折。遇到挫折影响情绪是正常的，但要从不良情绪中尽快解脱出来，振作精神，不消沉，不气馁，要更加努力地工作，干出更出色的成绩，来证明自己的能力和价值。这样，挫折才能成为成功的阶梯，否则，就是走向下坡的起点。

事实证明，强者百折不挠，意志坚强，越挫越勇，从不抱怨，跌倒爬起来，拍掉灰尘，擦干眼泪，包扎好伤口，鼓足勇气，继续前行；而弱者受挫后，牢骚满腹，怨天尤人，精神滑坡，一蹶不振，从此定格在跌倒的地方。

第三，诬陷的考验。主要领导用干部，调人事，最容易惹人。如工作方法简单，用人不当，矛盾还容易激化。如遇上小人，他会耿耿于怀，伺机报复。君子报仇十年不晚，小人报仇一天到晚。一有风吹草动，他就会跳出来兴风作浪，不是张贴小字报，就是在网上生事端，造谣、诽谤、诬陷，用尽一切卑鄙手段，总想置你于死地。

对于诬陷你的卑鄙小人，寒山与拾得有段精彩的对话。昔日寒山问拾得曰：世间谤我、欺我、辱我、笑我、轻我、贱我、恶我、骗我，如何处置乎？拾得云：只要忍他，让他，由他，避他，耐他，敬他，不要理他，再待几年你且看他。

无我才有我

利己者生,利他者强。利他,他是他人,是人民群众。无数事实证明:只有利他,才能成就自己。满脑子私心,一心为自己奋斗的人,往往没有出息。

民间传有这样一个故事:一个叫花子决定要去西天问问佛祖如何才能改变命运。他一路乞讨,路遇一个员外,员外问叫花子:"为什么这么晚了还在赶路?"叫花子说:"我要去西天见佛祖。"员外听了赶紧把他请到家里,给他拿了好多干粮和银子。

叫花子不解,员外说,他家女儿都16岁了,还不会说话,想让他去问问佛祖是什么原因。叫花子答应了。

再往前走,叫花子来到一条大江边上,江边有一只大龟浮在水面。老龟说:"我都修行1000多年了,按说早该成龙飞走了,为什么还是个老龟,如果你去了西天帮我问问佛祖,我就把你驮到对面。"叫花子高兴地答应了。又走了不知多少天,叫花子还没见到佛祖。

西天按说早到了,佛祖在哪里?叫花子很伤心,因为太累,他迷迷糊糊睡着了。梦里佛祖出现了。佛祖问他:"你这么老远来找我,有什么重要事吗?"叫花子说:"是的,佛祖,我有好几个问题想问您。"佛祖说:"好啊,不过有个条件,你最多能问两个问题"。

叫花子答应了。老龟修行1000多年很不容易,他的问题应该先。佛祖告诉他,老龟是因为舍不得他背上的龟壳。叫花子想,员外的女儿很可怜,不能说话，怎么嫁出去，他的问题也应该问。佛祖告诉他，如果哑巴女孩见到他的心上人，就会说话了。突然，佛祖不见了。叫花子回过神来，自己的问题还没问，算了，还是乞讨过日子吧，于是往回赶路。

叫花子来到江边见老龟，老龟着急地问自己的事，叫花子说："你先把我渡过江去，我再给你说。"老龟把叫花子渡过去了。叫花子问老龟，是不是你舍不得你那龟壳？老龟幡然醒悟，把龟壳脱下来送给了叫花子，说："这里面有24颗夜明珠，是无价之宝，对我已经没用了，我把它送给你，谢谢你帮助我。"不久老龟就变成龙飞走了。

叫花子拿着24颗夜明珠又往回赶路。他来到员外家门口，突然从里面跑出一个姑娘，她大声喊道："问佛祖的人回来了！"员外又惊又喜，女儿突然会说话了，于是员外把女儿嫁给了叫花子。

一路艰辛，叫花子始终没能亲口问佛祖怎么改变自己的命运，但他的命运实际上已经发生了彻底的改变。故事告诉我们帮人就是帮自己。决定自己命运的只有自己。叫花子来到西天找到佛祖，如果他首先考虑自己，他可能还是乞丐。正因为他一路碰到的人、遇到的事，拨动了他的善念，触动了他的善心，深化了他的灵魂，由此才有了超越自我一心为他人的思想境界，他才得到了连自己都想不到的意外收获，意外收获完全是帮人的结果。

从叫花子的故事中我们联想到：作为领导干部，一定要牢固树立为他人的思想，深刻理解为人民服务的思想内涵。"我将无我，不负人民"，只有这样才能成就自我。正如日本著名企业家稻盛和夫说的，利己者生，利他者强。实践证明，一个心胸狭窄、自私自利的人，永远是淘汰的对象。一个心中装有百姓，唯独没有自己，每天日夜思谋工作，拼命为百姓办事的干部，他的前进道路才会越走越宽。

尊重别人就是尊重自己

世界上最温暖的三句话是：您好！谢谢！对不起！这三句话最能体现对人的尊重，而且最能维护他人的尊严。一句您好，拉近了相互间的感情距离；一句谢谢，就是吃点亏也感到心里舒服；一声对不起，即便你做错也能得到别人的谅解。这三句话是沟通的桥梁，是与人相处的一种礼貌，也是自身修养和素质的体现。

有一天，苏维埃政府领袖列宁下楼，在楼梯狭窄的过道上，他正碰见一位女工端着一盆水上楼。那女工一看是列宁，就要退回去给他让路。列宁阻止她说："不必这样，你端着东西已走了半截，而我现在空手，请你先过去吧！"他把"请"字说得很响亮、很亲切。然后自己紧靠着墙，等女工上了楼，他才下楼。

一个优秀的人，才懂得尊重别人，尊重别人体现出来的是自己的素质和修养。不管自己职位有多高，财富有多少，对人都要和蔼、客气。对人尊重的前提是谦虚做人。

受别人尊重，是人精神上的最高享受。别人尊重你，并不是因为你优秀，而是因为别人优秀。人不敬我，是我无才；我不敬人，是我无德。虚心使人进步，骄傲使人落后。

一是见人要做到"三先"：先微笑，先握手，先让座。
二是来客要做到"三起"：起身相迎，起茶相待，起坐相送。

三是与人要做到"三让"：乘车出行先让座，照相合影先让中，坐桌就餐先让上。

四是待人要做到"三个一样"：有权没权一个样，有钱没钱一个样，有用没用一个样。

以上"三先""三起""三让""三个一样"虽然都是小事，但从生活中观察可知，素质越高的人往往越在意这些小事，而素质越低的人越不注意这些小事。我们千万不能小看这些小事，细节见人品，小事见修养。

平易近人是为人、为官的高尚品质。主动尊重别人，才会赢得别人的尊重。

炫耀是大忌

炫耀并不能获得别人的喜欢、尊敬、信服、信任或者崇拜,只能招致奉承、反感、鄙视、嫉妒,甚至是祸害,同时还会暴露自己的缺陷和虚荣心,更是自我内心不成熟、幼稚的表现。

青蛙与两只大雁是好朋友。秋天来了,大雁要飞往南方,大雁对青蛙说:"要是你也能飞上天多好呀!"青蛙灵机一动,让两只大雁衔住树枝的两端,自己咬住树枝的中间,三个小朋友一起飞上了天,地上的动物们看见青蛙也飞上了天,都不禁好奇地问:"是谁这么聪明呀?"青蛙听了,喜不自禁,张开嘴就回答:"是……"就重重地从天上摔了下来。事后,青蛙总结说:都是炫耀惹的祸。这个故事告诉人们,炫耀只能是虚荣心的一种满足,总想通过炫耀来博得声誉、魅力、尊崇或者幸运,结果只能招致反感、鄙视、嫉恨甚至祸患。

炫耀易暴露隐私。有的人在公开场合炫耀和某某领导关系密切,今天和某某大款一起吃饭,实际上无意中泄露了自己的隐私和别人的隐私。

炫耀易遭人讨厌。俗话说,自吹自,没意思。自己的政绩、自己的荣光要让别人宣传。如果你在场,沉默无言,别人宣传,你会感到荣耀。如果自己炫耀,反而得不到别人的认同,还会遭人讨厌。是强者,人人看得见,是英雄,人人都会赞。谦虚一点人人喜欢,平和一点没人指点。

炫耀易显现弱点。喜欢炫耀自己,是人性的弱点。成熟的谷子总弯着腰。不能控制自己，喜欢在不同场合夸夸其谈，炫耀自己，只能说明你还不深沉，还不成熟。

炫耀也是表达自我情绪的一种方式。孔雀开屏以炫耀自己的美丽，公鸡啼鸣以炫耀自己的嗓音。动物炫耀是一种本能，同样，人类炫耀从本质上来说也是一种本能，炫耀本身并没有错，错就错在，有的人炫耀不注意场合，没有把握好分寸。

炫耀要分场合。在亲人面前，知心朋友面前，自我表扬不叫炫耀，而是自我赞赏，自我肯定，是自己和自己说话。自我赞赏是想通过他人羡慕的眼光，得到自我成就感的满足。任何人，哪怕是再有修养的人，在自己有点成绩时也总会情不自禁地通过这种形式自然流露。自我赞赏，是自信情绪的一种释放，这种释放，有利于自我的心情愉悦，有利于自信心的提高，有利于身心健康。

把恩人常挂在心上

　　树高万丈不忘根,人若辉煌莫忘恩。不忘恩就是自己成功以后,总记着别人对自己帮助的点滴好处。感恩的关键在于有回报意识。回报就是对哺育、培养、教育、指引、帮助、支持过自己的人心存感激,并通过自己的点滴付出,用实际行动予以报答。感谢只是一种礼貌,而感恩是一种品德。不知感恩,昧良心的人会自毁好运。

　　古有小黄香在寒冷的冬天,先用自己的体温暖了席子,才让父亲睡到温暖的床上;今有朱德总司令蹲下身,亲自为妈妈洗脚;外有居里夫人,寄去机票,让她的小学老师欧班来参加镭研究所的落成典礼,居里夫人还亲自把老师送上主席台。伟人之所以伟大,名人之所以成为名人,是因为他们都拥有高尚品德,是因为他们常怀有一颗感恩的心,上帝在回馈他们。

　　有的人成功了,他说他没有恩人,实际上,不是没有恩人,而是他弄不清谁是恩人。一个篱笆三个桩,一个好汉三人帮。如果一个成功者想不起三个以上的恩人,不是他记性有问题,而是他良心有问题。

　　怎么报答恩人?

　　把恩人常挂在心上,有心就好,再忙也抽空打个电话,发条短信,哪怕是一句问候。

　　把恩人常挂在心上,有情就好,逢年过节上门看看,千里送鹅毛,礼轻情意重，瓜子不饱暖人心。

把恩人常挂在心上，懂理就好，吃水不忘挖井人，滴水之恩，当涌泉相报。

过河拆桥的人，是忘恩之人，不管他手中有多大权，兜里有多少钱，都要远离他们，千万不可与他们深交。

干部队伍中的"狼"

在官场上,我们经常会遇到这么两种"狼":一种是"白眼狼",一种是"中山狼"。"白眼狼"的特点是,有奶便是娘,没奶翻白眼;"中山狼"的特点是,穷困时摇尾乞怜,得志时不可一世。还有一种是"西北狼",在"西北狼"身上,却有一种难能可贵的忠诚、勇敢、合作、团结、忍耐、执着和拼搏的精神,这些精神值得我们学习和借鉴。

"白眼狼"式的干部,长着一双势利眼。当他需要你时,你看他提茶倒水,毕恭毕敬,登门造访,点头哈腰,笑容满面,一脸忠诚;一旦觉得你不再重要时,他立马就换了一副嘴脸,白眼一翻,眉毛一竖,笑脸一拉,过去的感情、友情统统抛在脑后,只要没用,即使是亲爹也会冷眼相待。难怪古人说,"一天不戴乌纱帽,半路常遇白眼狼"。

"中山狼"式的干部,不得志时,你看他卑躬屈膝,可怜兮兮,阿谀奉承,摇尾乞怜;一旦得志,便摇身一变,居高临下,盛气凌人,龇牙咧嘴,凶神恶煞。我饿了,我就要吃你,管你什么恩人、友人,没有什么理由,不需要什么借口,也没有什么不好意思。这种人对上级、同僚如此,对百姓又能好到哪里。难怪古人说,"子系中山狼,得志便猖狂"。

对于这两种"狼",遇上是你的不幸。他们的本质特性是,一切以自我为中心,极端自私,没有人情味,不知感恩,只认狼规,不讲人道。看清这两种

"狼"的嘴脸和德行，一定要心知肚明，避之远之，防之拒之。

还有一种是"西北狼"，它们性情凶猛顽强，锲而不舍，一般七匹为一群，每一匹都要为群体的繁荣与发展承担一份责任，而且配合默契，不管做任何事情，总能依靠团体的力量去完成，目的也很单纯，那就是对成功坚定不移地向往。敏锐的观察力、专一的目标、默契的配合，注重细节以及锲而不舍的耐心使其总能获得成功。而这一切正是我们在完成艰巨的工作任务时最需要借鉴的一种精神。

所以，做人莫做"白眼狼"，当官莫当"中山狼"，干事要学"西北狼"。

垒墙不要圆石头

垒墙不要圆石头，好官不能耍滑头。物有棱角露锋芒，人有棱角见风骨。一个主要领导必须要有棱角，不能投机钻营，见风使舵。有棱角可能伤人，有些领导可能不喜欢，但正派、正直的领导往往有棱角。有棱角的坏处，就是让别人咬起来容易下口。

垒墙不要圆石头。因为圆石头没有棱角，稳定性差，垒到墙体中，墙不稳定，随时都有倒塌的危险。用来垒墙的砖、石，一定是有棱有角的，有棱角才有支撑，有棱角才能稳定。

"圆石头"有随机性。他们往往没有立场，没有原则，投机钻营，见风使舵，墙上草，随风倒，变得快，转得急。

"圆石头"有两面性。他们惯用两副面孔，人前一套，背后一套。会说两种"话"，见人说人话，见鬼说鬼话。他们往往脚踩两只船，哪边势大靠哪边。当人们还认不清他的时候，这种人容易得势。

"圆石头"有隐蔽性。他们一般不暴露自己的真实思想，有时候会用假象蒙蔽别人。这种人不出头、不惹人、争议少，特别"会事"，常有"好人"之誉。

"圆石头"时间一长就会暴露其滑头的本性。由于他光滑，捉不住、立不住、靠不住，所以在关键时候和重要岗位，组织对他不敢信、不敢靠、不敢用，他最终成为没用的料。

有棱角的人与"圆石头"不同，他们个性张扬，观点鲜明，敢于担当，不怕惹人。

有棱角就是有鲜明个性。有棱角的正派领导，性格刚硬，有骨气，有"霸气"，有威严，管理人有手段，有办法。这种人浑身充满正气，光明磊落，敢于实事求是，追求真理。这种人不畏权势，没有奴颜媚骨，不会低三下四，不屑于暗地里做小动作。

有棱角就是有鲜明观点。有棱角的正派领导，是非分明，立场坚定，赞成还是反对，赞成什么反对什么，旗帜鲜明，从不含糊其词，模棱两可。他们敢于坚持自己的意见和主张，不随流，不跟风，不被人左右。

有棱角就是敢于担当。有棱角的正派领导，在困难面前十分刚强，从不向困难低头，而且有愈挫愈勇的风格。这种人敢于负责，在关键时刻能够挺身而出，出了问题敢于承担责任。这种人干起工作来有魄力、有胆量、有激情。

有棱角就是不怕惹人。有棱角的正派领导，他们敢于亮剑，敢于与错误思想、不良行为进行交锋，为了主持正义，他们敢于坚持原则，不怕惹人。

说真话的都是亲人

五官之中,耳朵是最排异、最挑剔的器官,它的选择性最强,爱听好听话是它最大的嗜好,所以有"忠言逆耳"之说。因此,领导干部要有听不同意见,甚至听反对意见的雅量,要不断地增强自己耳朵的兼容性,让耳朵听得进真话,多听真话。

中国古代相术所说的五官指耳、眉、眼、鼻、口,分别为采听官、保寿官、监察官、审辨官和出纳官。除眉之外,其他四官都有接受信息、辨析信息的功能。其中,眼、鼻、口的兼容性都较强,美丑可以看,香臭可以闻,酸甜苦辣咸均可以吃,甚而至于伤害生命都不回避,如食物中毒、煤气中毒。即便偶感不适,只要脱离相关环境,不适感很快就会消失。但耳朵似乎有所不同,它的选择性最强,最排异,也最挑剔。

言为心声。在我们耳朵接受的信息中,最多的是语言,最有意义的也莫过于语言,而最能引起反感、不快的,也是语言。因为我们靠语言彼此交流,语言会触及我们的灵魂,触动我们的心灵。

但是,耳朵最大的弱点是辨别能力太差。眼能分辨美丑,鼻能分辨香臭,口能分辨酸甜苦辣,而耳朵分辨不了真话假话。它一贯爱听顺耳话,反感听到刺耳话,不管是真话还是假话只要顺耳它就高兴。在官场,为了使领导高兴,有的人昧着良心说顺耳的假话。假话不仅欺骗领导,还误导领导,对领导本人和工作都极为不利。仔细想来，我们不能完全埋怨说假话的下级，而应该追究领导者的耳朵。

在五官中，耳朵的分辨性、忍耐性、包容性都较差。它听不得不同意见，听不得自己的错误和缺点，有些矛盾的造成，有些工作的失误，都是耳朵犯的错误。修正错误，首先要修正自己的耳朵。时刻注意耳朵的弱点，经常规劝自己的耳朵要增强分辨能力和包容能力。不要以自己的好恶排斥刺耳话。刺耳的真话犹如苦药，虽然苦口但利于病。一个领导听不到真话，就像人生病买不到真药，非常危险。

耳朵是人体的器官，指挥耳朵的是领导者的思想、品德、境界和胸怀。增强耳朵的兼容性关键在加强领导的自身修养，提高领导的自身素质。

我们在生活中会发现，说真话的首先是自己的亲人，父母敢对子女说实话，子女敢给父母讲真言。即便刺耳，他们从心理上也不会排斥，这是一种基于亲情的信任。这就充分说明，敢说真话的挚友是无私的，他不是亲人胜似亲人，我们应该珍惜他，感谢他，而不应该反感他。我们反感的应该是那些怕伤害自己利益不敢说真话、经常用顺耳假话欺骗领导的人。领导者对这种人必须要用理智统率自己的情绪，认真地进行辨别。

回头看是一种智慧

外出住宾馆，有的人往往丢三落四，不是丢下手机，就是忘拿水杯，问题就出在走的时候没有回头看。如果回头好好环视一下，检查一遍，就会避免许多麻烦。

回头看是生活常识，也是一种好习惯。为了避免丢三落四，外出旅游临出门不忘"身、手、钥（药）、钱"，保证身份证、手机、钥匙（日常药品）、钱包没有一样东西落下。学生每每临近考试，都要回头看，把前一阶段所学温习温习，梳理梳理，哪里不懂再加强一下，这样才能考得更好。尤其在考场上，不要匆匆交卷，只要有时间就要回头认真检查考卷，只要找回一分或者两分就有可能跨入重点大学，从而改变你一生的命运。

把这个简单的道理扩展开来，回头看也是干成事业的一种大智慧。当领导的，一定要学会回头看。因为权力自身会带来一层迷雾。掌权时往往有很多假象蒙蔽你的双眼，使你不能够完全看清人、看清事，包括看清自己。

回头看什么？看自己，看别人，看事情。

回头看才能认清自己，特别是认识自己的不足和缺点。人掌重权之后，往往会自我膨胀、主观臆断、得意忘形，不仅发现不了自己的毛病缺点，还听不进别人的不同意见。曾国藩非常注意个人的修养，他的日记里有大量抨击自己的文字，自私、嫉妒、虚荣等都是他时刻反省自己的地方，他抨击自己近乎苛刻。一个人，很难把自己当外人，很难跳出自己看自己，回头看往往能够看到另外一个"我"，从而更清楚地认识自己。人常说当局者迷，旁观者清。回头看，把自己从当局者变成旁观者，随着时间的流逝，尤其是通过实践的打磨，往往会对自己有新的发现。不断总结自己，针对性地改变自己，对自己将来的发展进步会大有益处。

回头看才能认清别人。离开自己曾领导过的单位再看原单位的人，可以看得更清。离开领导职位，回头看别人，一定会有新的发现。人是复杂的、多面的，大部分人都会表现出一部分真实而隐藏另一部分真实。有研究表明，在一定环境中，尤其在掌权时，一个人的真实情况只有60％表现出来，其他的部分不会轻易表现。回头看，我们就能看到别人如何对待他人，如何对待自己，对一些人的认识会更全面、更本质，原来以为是"这样"的人，回头看其实是"那样"的人。离开权力，你会拨开迷雾眼前一亮，会看到许多真实的人。当领导会用人、识人是前提。只有通过回头看，才能进一步增长识人的经验，增强识人的能力，才能更好地做人、识人、用人。

回头看才能看清事情。党的十一届三中全会之后，中央认真总结历史经验，党的十一届六中全会作出了关于若干历史问题的决议，从而找到了中国特色的社会主义道路。有些事情，由于历史原因，有很多重大问题在当时也看不清，而回头看就比较容易看清。国家大事如此，一个地方，一个领导的工作也是如此，也需要不断地回头看。回头看才能总结哪些事是比较成功的，成功的经验是什么；哪些事是失败的，失败的教训是什么。总结经验教训的过程，就是不断提高自己、修正自己的过程，就是走向成功的过程。

动静错觉引起的误解

车站并排停着两列火车,一列启动后,另一列虽然停着,但车里的乘客感觉自己的车也启动了,而且是相反方向。这种现象可称之为动静错觉。有的时候,人与人之间也会产生类似现象,由于一个人的地位变化而产生了某种误解,从而影响了彼此间的关系。

人的心情有时候很微妙,因为心情变化而引起认识的变化是常有的事情。在人际关系方面,许多时候人与人之间并没有实质意义的分歧或者利益冲突,但也可能产生隔阂,其实这隔阂纯属误解。这与列车动静错觉产生的误解相似。

在现实生活中,人们立功受奖、职务升迁、待遇提高以后,往往会使别人产生一种错觉,认为这个人地位变了,为人也变了。以前亲切和蔼的一个人,突然觉得高傲、冷漠,看人的眼神、说话的口气以及握手的动作、力量,都较以往不同。这种感觉有时候或许是真实的,毕竟有些人地位一变人就变,以前用得着的人现在用不着了,以前需要假装尊敬的人现在也不用装了,就跟以前说的"人一阔脸就变"是一个道理。但也有些时候,是我们自己心情的微妙变化,是一种动静错觉。正因为这种错觉,产生了误解,疏远了彼此的感情。了解了这种动静错觉道理以后,可以使我们的判断更接近真实情况,从而避免因误解影响人与人的关系。

人与人之间动静错觉的产生,关键在自己而不在别人。一是自卑感作怪。别人进步了，自己原地没动，意味着自己不如别人，心态消极，往往感觉到别人看不起自己。二是嫉妒心作怪。人与人容易攀比，尤其是跟身边的同事。别人进步了，自己总感觉不舒服，见面笑少了、话少了。三是猜疑心作怪。本来很正常的事情，但对方言行举止稍有不妥，自己便不能理解，非常容易引起误会。

从某种程度讲，职位变了，地位变了，工作变了，但人的本性、品行不应改变。一要常怀感恩心。感恩不仅是一种情感、一种品行、一种态度，更是一种人生境界。只有常怀感恩的人，才能善待组织、善待群众、善待同事、善待自我。二要常怀平常心。就是人的心志不能变，心志决定状态，得之不喜、失之不忧、宠辱不惊，以平常心对待一切。三是常怀谦虚心。要做到"三先"：见人先点头微笑、先开口说话、先伸臂握手。这样人就会感觉到有一种亲近感。能做到这些，人与人之间就会消除动静错觉，减少隔阂和摩擦，增进同事间的友谊和感情。

动静错觉是一种错误的判断。只有正确看待别人，正确对待自己才能走出误区，消除错觉。问题的关键是自己要有良好的心态，要经常提醒自己减少猜疑、消除误会；要永远自信乐观，不要过分在意别人的异常变化；要相信别人，宽容别人，要相信绝大多数人是好的，即便有的人有点小过错也不要过多计较，也许这些过错是无意的、无奈的。

怒气来临时请忍十分钟

怒气是一团火,是一把刀,控制不好会伤人。当你发火时,请忍耐十分钟。要说时间宝贵,这十分钟最宝贵,它胜似银,它胜似金。

人人都有脾气,急缓不同;事事都有坎坷,大小而异。一个人不可能一点脾气也没有,兔子急了也咬人,性情再温和的人也会有发脾气的时候。人的一生中不如意事十有八九,不可能事事都顺顺当当,总有遇到令人发火的事情的时候。行走在仕途,更是如此,每天都要面对种种矛盾、种种人,发火是再正常不过的事情。但是,能不能制怒,能不能把负效应降到最低,对事业发展和仕途进步都有很大影响。

怒气是一把火,是一把刀,伤别人,害自己。梁山好汉出自许多行当,几乎个个都是"好汉不吃眼前亏",最后都被逼上梁山,落草为寇。

怒火是由外界引起的一种情绪反应,一句话、一件事都有可能触怒人,像一根火柴,一擦就着。怒气一来,人往往会情绪失控、失去理智,什么话解气说什么,只图痛快不顾后果。怒气是消极情绪的一种发泄。怒火一旦爆发,喷出来的话都是情绪正常时不该说的话,办出的事都是情绪正常时不该办的事。

怒气不能克制,轻则伤人感情,重则毁了事情。工作当中,跟上级容易发火,因为上级领导容易以权压人,往往会忽视下级的自尊和感受,不调查、不研究、乱弹琴,不顺理的事情常常发生。但是上级领导惹不得,犯上吃亏不在当下，如果遇上好人无所谓，要是遇上小人，难免给你下套子，穿小鞋，影响你的前程。跟下级也容易发火，当下级那里政令不通、落实不力、越权行事时，也可能让你发火。对下级发火有时是一种权力的威严，适当的怒气是权力的催化剂，能起到震慑下级的作用。权大脾气大，官长脾气长。发脾气也属正常，脾气大是领导的一种职业病，有时不得不发，实际上常发脾气的领导脾气发了也就发了，发过了他不会计较，这是脾气大领导的特点。但经常发火且发火过分的领导会使下级无所适从，心生反感，既不能让人心服，也会使人疏远。

性情易怒也是人的一种本性，是性格使然，即所谓"江山易改，禀性难移"。但要有意识地加强修养，在修养中涵养自己的性格。遇事冷静沉住气是领导者应有的城府和风范。因为当领导的都责任在身，脾气不好不仅是个人的事情，还会影响他人利益，影响事业进展，所以必须有控制脾气的能力。

如何制怒？有关研究表明：当怒火来临时，控制十分钟后情绪就会逐渐平静下来。十分钟以后再说、再做、再决定，结果就会发生变化。十分钟时间很短，但在怒火燃烧之后，忍耐十分钟最难。最好的办法有两个：一是暗示自己、提醒自己，冲动是魔鬼，要冷静、要忍耐，不冷静、不忍耐就会带来麻烦；二是立马离开冲突现场，转移话题，转移注意力，转移就是火上浇水。

主动控制自己的情绪，是一种修养，是一种智慧，是一种胸怀。

日月告诉我们什么

太阳说，不要幻想事事顺利，你看我有升有落；月亮说，不要幻想事事圆满，你看我有圆有缺；老天说，不要幻想事事如意，你看我有晴有阴。人有悲欢离合，月有阴晴圆缺。不完美，才是大自然的底色。

作为大自然的一分子，人类最应该从事物变化中明白许多道理。沧海桑田，阴晴圆缺，寒来暑往，四季轮回，无不给我们以深刻的启示。追求完美是人类的愿望，接近完美才是人类对自身更现实的要求。我们更应该知道的是，不完美，才是最自然的，也最符合规律。

太阳和月亮告诉我们：可以追求完美，但不要企求完美无缺。个人如此，家庭如此，社会如此，官场也不例外。各种烦恼随时都有，不是工作就是生活，不是单位就是家庭，不顺心事十有八九。顺风顺水的人生只有在梦境中才有，现实生活中不可能存在，别别扭扭、磕磕绊绊倒是常态。上级、同级、下级，各怀心思，各有所取，私心杂念纷呈，怎能都如你所愿？滴水不漏的制度环境还没有创造出来，适合你的、助推你的，不一定存在，而不顺心的、碍手碍脚的也可能如影随形；各种关系错综复杂，各种原因根深蒂固，各种机关神秘莫测。有些时候就是怪，你干得好，不一定得到重用；别人干得不好，不一定仕途就不如你。如此种种，其实都是不完美的具体诠释。如果总是这也看不惯，那也不顺心，每天愁眉苦脸、怨天尤人，那就是没有悟透大自然的规律，没有想明白官场乃至人生的常理。

太阳和月亮告诉我们：日中则昃，月盈则亏。人在仕途，有如日中天得意之时，但也有阳光暗淡失意之日。得意时，一定要头脑清醒，戒骄戒躁，严格要求，谨慎从事，低调做人；失意时，一定要挺起腰杆，抖擞精神，平衡心态，控制理智，昂首做人。特别是遭遇逆境和挫折时，要努力使自己升华，升华就是面对逆境和挫折不能一蹶不振，而要唤起一种精神，尽快跳出烦恼，摆脱不良情绪，不消沉、不气馁，重振旗鼓，憋足一股劲，要更加坚强，更加谨慎，更加辛苦，干出样子让人看，重新做事求突破。

太阳和月亮告诉我们：夕阳西下不用伤感，明天的朝阳更加灿烂。日升日落才是圆满的一天，月缺月圆才是完整的一月。从上弦月到下弦月，从月牙初生到一轮满月，从银光四射到一弯残月，这个自然过程就像人的一生，从幼年的"月牙"到青壮年的"满月"，又到老年的"残月"。官场亦是如此，从小职员开始，渐渐成长，步步高升，逐步走向权力中心，大权在握，花好月圆，直至巅峰，后又退出权力中心慢慢走向边缘，在休闲中品茶散步，颐养天年。人生应效法天道，青春年少时，正当意气风发，要珍惜时光，好好学习，充实自己；年富力强时，正当活力四射，要鼓足干劲，勤奋工作，奉献自我；年老迟暮时，正当夕阳西照，要恬淡自安，怡情养性，温馨从容。当官也如此，舞台总有两个通道，一个是上台的通道，一个是下台的通道。登台唱戏时，就要把角色演活，让观众鼓掌叫好；谢幕下台时，也要优雅从容，让人回味，给人启迪。

有一种幸福叫放手

从前有个庙，庙里有个和尚，他养了一条狗叫"放下"。有人问和尚为何给它起这样一个怪名？和尚说，人世间的事很麻烦，我每逢吃饭、睡觉时喊一声"放下"，实际是提醒自己把烦恼放下。世上许多烦心事，多是因为想不开。生活往往是由无数烦恼串起来的，懂得这一点才能正确对待生活。解脱往往是一种比较，比一比就会想通；快乐往往是一种角度，换个角度就会找到；幸福往往是一种感觉，慢慢品才会感到。

人生在世，烦恼相伴。各行各业、各个年龄段、各种人物概莫能外，每个人都有自己的烦恼。为了从烦恼中解脱出来，人们想尽各种办法，娱乐、喝酒、运动、读书、交友、上网等。从某种程度讲，有烦恼才是人生，烦恼是躲不过的。但是我们却需要消除并放下烦恼。

人在官场，烦恼更多。首先是思想上的烦恼。其实一切烦恼都源于思想认识，都基于理想和现实的碰撞。理想越远大，越难实现，追求越执着，烦恼会越多。所以，就有"不满足"的烦恼。其次是为名利烦恼。名利之心人人皆有，然轻重不同。荣誉是种名，待遇是种利。没有名利，难有动力。但是名利不是想得就得的，所以，就有"求不得"的烦恼。最后是为麻烦烦恼。工作中人际关系复杂，每个人都要认真应对。大街上有见不得的人可以躲开，但工作中却躲不开，所以就有"怨憎"的烦恼。工作本身也会面临种种困难、矛盾、挫折，我们不得不面对，所以烦恼在所难免。

放下不满足、放下名利、放下麻烦，才能解除烦恼。当然能放下也不简单。放下是一种修养，是一种胸怀，是一种走过复杂后的简单，是一种头脑清醒后的糊涂。据说热带丛林里的人为了逮住猴子，专门制作了一种盒子，里面放着猴子爱吃的坚果，盒子上开个小洞。猴子伸手进去握住坚果，不知道松手放下，于是就被逮住。这是妙喻人生的哲理故事，可以叫作"不知放下的猴子"，试想，人又何尝不是如此？社会中的诱惑太多，生活麻烦太多，该放下却放不下，吃亏的只能是自己。

放下才会解脱，放下才有快乐，放下才能幸福。解脱往往是一种比较，比一比，就会想通。日难过，日日过；想不通，想想通。很多烦恼都是因为放不下，所以也只有放下了，烦恼才能消除。日出东海落西山，愁也一天，乐也一天；遇事不钻牛角尖，名也看淡，利也看淡。人生在世，首先要有放下的自觉，当感受到烦恼来临之时，告诉自己一定要放下。力所不能及，烦恼有何用？聪明人，就糊涂点，最好的选择是放下。放下才能解除思想负担，放下才会感到身心轻松，否则，人活得太累。

有一种幸福叫放手，有一种痛苦叫占有。人生在世，面对各种烦恼，有两种态度：一种人面对烦恼，选择放手，不想不念，把烦恼丢在脑后，活得轻松幸福；另一种人面对烦恼，选择占有，把烦恼搁在心上，堵在心里，不弃不忘，困扰自我，活得痛苦。

心胸宽大的人，活得大大咧咧，遇到烦恼懂得放手，知道自己解脱自己。心胸狭窄的人，爱钻牛角尖，遇到烦恼怀揣占有，总在自己折磨自己。

什么是幸福？在生活中，面对烦恼，放手就是幸福。什么叫痛苦？在生活中，面对烦恼，占有就是痛苦。

第五篇
从政杂谈篇

班子中有两个"场"

所有的事物都具有两面性,有伟大的一面,也有渺小的一面;有看得见的一面,也有看不见的一面。领导班子成员由于年龄的不同、性格的不同、阅历的不同、能力水平的不同、价值观的不同,对问题的认识也往往不同。不同,就难免形成两种相左意见,如果意见得不到统一,就会影响工作。

一个领导班子中往往存在看不见的两个"场",这两个"场"常常有重叠、有交叉、有分歧,甚至有交锋。一个班子中难免有两股力量,一个问题难免有两种意见。这两个场永远存在于班子之中,只是时大时小,时明时暗,时分时合。所以,主要领导必须要有一定的分辨能力、控制驾驭能力。有这种能力的一把手,必须具备以下三条:一是公道正派品行好,二是勤政廉政威信高,三是统揽全局能力强。否则,班子一盘散沙,各吹各的号,各拉各的套,这样的班子不仅没有合力,而且内斗不止。

班子怎样才能以正面声音为主,减少杂音干扰呢?笔者认为要做到"三强":

第一,强正气。一个单位的一把手首先要做到一身正气,两袖清风。在用人上,要公道正派,做到能者上、庸者让。上的,大家服气;让的,自己顺气。打铁先要自身硬,主要领导要以过硬的作风,扬起扶正的大旗,亮出祛邪的利剑,引领正气,伸张正义,抵制歪风,震慑邪气,让正派的占上风,让干事的显身手,让懒政的靠边站,让捣乱的没市场。

第二，强纪律。坚持民主集中制原则，少数服从多数，个人服从组织。尤其一把手要讲纪律，不能专断，不搞一言堂，不能个人说了算。在会议上让大家畅所欲言，各抒己见，好的意见一定要采纳，民主不能图形式摆样子，即便说错也不能打棍子、扣帽子。只要有宽松愉悦的民主氛围，不管有几种分歧意见都容易统一。

第三，强团结。一个班子是一个整体，班长副班长为了大局要紧密团结。苍蝇不叮无缝的蛋。只要一、二把手团结得像一个人，那些别有用心的人就无法钻空子，两种力量就不易形成。尤其主要领导不能拉帮结派，不能搞团团伙伙，不能亲一派、疏一派。用人、办事都要一碗水端平，既不能偏向张三家，又不能偏向李四家。班子中的一、二把手要有高度的政治觉悟，绝对不能利用权力拉山头，培植个人势力。山头一旦形成，就会明争暗斗，工作扯皮，使事业受损，百姓受害。

矛盾无处不在，无时不有。班子成员，尤其一、二把手工作中有分歧、有交锋是正常的，如果主要领导始终能讲正气、讲纪律、讲团结，官场上的两个"场"不管如何变化，都在你的掌控之中，尤其班子中那些不安分、爱生是非的人就会大大减少。

钢筋水泥团结论

在工作中,造成不团结的原因大多是荣誉、权利、利益的分配不均。为了得到这些,大家常常会产生分歧。为了消除分歧,紧密团结,我们必须充当"钢筋水泥"的角色,不然谁都成不了大事。

钢筋水泥结合起来,靠它们凝聚的坚实力量,支撑起了一幢幢大厦。一座座城市的崛起和雄伟壮观,大多是钢筋和水泥亲密合作的结晶,是钢筋和水泥紧密团结的巨大成就。

钢筋和水泥是骨肉相连的关系。钢筋没有水泥,只是钢筋;水泥没有钢筋,也不过是水泥。正因为它们相互结合,互相依存,你中有我,我中有你,才充分展示了自己,才成就了自己的骄傲。

一个班子,两位主要领导,你说我是英雄,我说你是英雄,两个都是英雄;你说我是狗熊,我说你是狗熊,两个都是狗熊。

团结有两个公式,即 $1+1>2$,$1-1=0$。不要小看这两个简单的公式,有的人念了大学也不一定能读懂。

团结就是力量,团结就是修养,团结就是形象。团结起来向前看,向前看才能向前进。

团结,自己首先主动让步。两个球体要想粘在一起,双方必须削去一块。只有放弃和付出才能紧紧连在一起。

团结，自己首先要有气量。打不倒的敌人就做朋友。要善于团结和自己意见相左的人，要善于团结反对过自己的人，要善于团结曾经嫉恨过自己的人。

团结，自己首先要坚守原则。在斗争中求团结，团结不是一团和气，团结不能混淆是非。道不同不相为谋。

《易经》讲，"二人同心，其利断金"。《孟子》言，"天时不如地利，地利不如人和"。团结有利于抗风险，团结有利于渡难关，团结有利于战邪恶。团结能促进步，团结能出政绩，团结能出干部。团结才能彼此信任，彼此尊重，彼此统一，彼此补台，彼此双赢。作为一名领导干部，要把团结作为一种素质来锻炼，作为一种品质来培养，作为一种能力来强化，作为一种境界来追求，作为一种事业来经营。

班子团结"三要素"

人走到一起不容易,特别是在一个班子中相处,没有天生合适的搭档,团结共事,需要的是彼此的包容和理解,需要的是随和、忍让、沟通,需要的是风风雨雨的磨合,融合着不合适的彼此。尊重他人,帮助他人,维护团结,才能成就事业。

领导班子团结的三要素:柔和、忍让、沟通。

第一,柔和。柔和指主要领导及班子其他成员性格随和,不固执,有事好商量,除原则问题外,不固执地坚持自己的意见,即便是原则问题也能互相商量,充分沟通。人有柔性,好打交道。个性太强,性格孤僻、倔强、爱钻牛角尖的人,会引发班子内斗,影响团结。柔和不是没刚,柔和不是你好我好,也不是没有原则,柔和是一种修养。

第二,忍让。凡是领导,不用问,都有脾气,多数人听到不同意见,听到刺耳声音,都会火冒三丈,但有涵养的领导一定会克制;凡是领导,不用问,都有主见,在意见相左的时候,如果不是原则问题,一定要互敬互让。不互让,小问题也能引起大矛盾。忍,就是把不该说的话咽下去,把不该做的事压下去。把脾气发出来是本性,把脾气压下去是本事。让,就是退,退一步海阔天空,忍一时风平浪静。心胸狭窄、小肚鸡肠、一点亏不吃、斤斤计较的人,会影响团结。忍让不是性格好,而是人缘好,境界高。忍让是一种肚量。

第三，沟通。理不讲不明，话不说不通。人与人之间由于缺乏沟通，常常会产生很多误会。只有把话挑明，误会才能消除。班子中的班长和副班长，要养成相互沟通的习惯。凡是准备提交会议研究的问题，都要事先沟通，尽量取得一致意见。另外，对目前的工作打算，也要时不时地通过面谈、电话、短信等形式进行沟通。沟通是主要领导团结的重要桥梁。有事互相沟通、互相打招呼是种尊重，这种尊重很重要。如果事先打个招呼，本来不同意的事也可能就同意了。如果事先不打招呼，本该同意的事也可能不同意。

班子不团结，尤其一、二把手不团结，多数是因为沟通少。党政一把手，如果有一个傲慢，或者姿态不高闹矛盾，多数起于不沟通。和尚打鼓各顾各，最后必然会鸡犬之声相闻，老死不相往来。即便双方走到一起也有了心结，相互怄气，各揣心思，虽场面上表现不明显，但心与心之间，轻则隔了一张纸，重则横了一座山。这样，工作势必扯皮，效率必然降低。

要团结，不可低估沟通的作用。班子成员有了矛盾，一定要首先解决心与心的沟通问题。一是两个人坐下来，放下架子，留点面子，真诚地掏出心窝子，交交心，回顾矛盾起因，多做自我批评，消除隔阂，化解怒气。二是经常召开民主生活会，敞开心扉，各自亮丑，接受批评，做好表率，凝聚力量。三是自己要有主心骨，不听闲话，不被人挑拨，更不被人利用。装腔作势、傲慢骄横、我行我素、盛气凌人的人影响团结。善于沟通、习惯沟通是搞好团结的一种修养。沟通不是哪个领导嘴勤腿勤，不存在谁高谁低，更不存在有求于对方，而是为大局着想的一种思想和工作方法，是一种与人为善的谦和态度。一个班子团结与否，关键在于一、二把手。一、二把手的修养、肚量、见识、姿态、方法决定一个班子的团结。

性格决定命运。如果班子中有的人性格不随和，遇事不忍让，习惯不沟通，我们要尽量通过谈心、批评等方法来解决。但性格有严重缺陷的人，如果缺乏良好修养，即便有一定本事，也不能担当重任。

"训人"的学问

教训人的形式有两种：一种是训斥，另一种是批评。训斥，就是某件事引起上司生气，上司情绪激动，态度粗暴，措辞严厉，甚至言语出格，毫不留情地板着脸训人。批评，就是摆事实、讲道理，态度严肃，言辞有力地指责。

有关学者在实践中观察，官小脾气小，官大脾气大。官大脾气大是权力地位的一种彰显，是工作压力大的一种释放，是负面情绪的一种发泄。

当领导爱训人，似乎是一种常见现象。训人凭什么，似乎也有一些规律。一是凭权力，二是凭资本，三是凭感情。如果这三条一条都不沾边，你就不要训人。否则，训人就要惹人。

第一，凭权力。组织规矩是下级服从上级、个人服从组织。训人也是一种工作方法，虽然这种方法看似粗暴，但有时可以起到敲山震虎的作用，对推动工作有一定效果。据调查，下级普遍对训人反感，但由于领导的权势、压力、情绪等原因，不可能不训人，训人是不少领导的一种常态。有权力就难免训人，即便训错，人们一般也能够理解。官大往往脾气大，做官有点脾气，似乎才有威力。人在官场，不能软弱，一软弱就显得无能。做官必须有血性、有棱角、有脾气，这样才会有气场。当然，有脾气不是动辄训人。

第二，凭资本。俗话说，财大气粗。老板训人是凭有钱，你挣我的钱，你做错，我就有资本训你，如果你不服可以走人。

第三，凭感情。只要感情深，训死不吭声。感情，是双方长期相处、经过各种磨合和考验建立起来的友情。这种情，是情和利两种关系的长期积淀，是互相理解后的包容，是个性磨合后的融洽。

不管凭权力、凭资本还是凭感情训人，前提都得以理服人。有理，训人只当批评，批评是党内生活的一种正常状态。没理，人们总觉得这种领导涵养不够、方法不当，总感到不舒服、气不顺。训人和批评的区别是，批评比较理性，训人容易激动。有理的批评是教育帮人，无理的训人是以势压人。因此，在工作中，通过批评就能解决问题的就别去训人，不得不训人时要掌握好分寸。

从政的"三大纪律,八项注意"

领导干部一定要牢记"三大纪律,八项注意"。所谓纪律,就是一个人的行为准则,是自己不越规、不出界的安全保证;所谓注意,就是对一个人的特别提醒。忽视该注意的问题,不仅影响工作,还会犯错误。

三大纪律包括:第一,政治上跟党走;第二,经济上不伸手;第三,作风上不丢丑。

八项注意包括:

第一,注意个人形象。形象是一个官员的品牌。一分价钱一分货。品牌烂,自然货不好。一样的人,一样的官,却有好劣之分。形象不好,在众人面前就抬不起头,即便抬起头,看见的都是冷眼。

第二,注意开会准时。人不守时,是一种不靠谱和诚信差的表现。会风是干部作风的集中体现。你主持召开的会议你还经常迟到,可想而知,你带的队伍也一定是松松散散。对自己要求不严格的人,就没有凝聚力和感召力,带的队伍也一定没有战斗力。

第三,注意调查研究。没有调查就没有发言权,更没有决策权。领导认识事物、辨别是非、开会讲话、布置工作等,都离不开调查研究。有的领导处理不了复杂的群众上访矛盾,有的领导离开讲稿就无法讲话,有的领导因脱离实际安排的工作云里雾里下级无所适从,这些都与领导作风官僚、调查不深入、研究不到位有直接关系。不知道调查研究的领导，工作就做不好。

第四，注意奖罚严明。奖勤罚懒是一种最基本的工作方法。勤不奖，勤的也会变懒；懒不罚，懒的会更懒。懒惰是人的劣根性，这种劣根性的改变必须靠重奖重罚。

第五，注意被人利用。在官场想晋升的官员，在市场想赚钱的老板，有的会想尽一切办法利用你手中的权力，搞权钱交易，达到自己不可告人的目的。你千万要经得起诱惑，不能被金钱绑架。

第六，注意暂搁争议。在集中指导下的民主和在民主基础上的集中，是党的民主集中制原则。有些主要领导根本无视这项制度，往往主观武断，个人说了算，从而造成一些重大决策的严重失误。在决策过程中，上下左右有严重分歧，争论不休。在这种情况下，主要领导本应慎重对待，暂搁争议，认真审视，充分发扬民主，多方听取意见，进一步修正和完善方案，但他们一意孤行，固执己见，一条路走到黑。决策失误酿成的重大损失，不仅在社会上造成不良影响，而且有些损失根本无法挽回。

第七，注意化解矛盾。矛盾无时不在，无处不有，官场更是如此。有了矛盾要尽量去化解，去消除，不要自以为是，盛气凌人，欺人太甚。不然，狗急跳墙，兔子急了也要咬人。

第八，注意谨慎做人。掌权得势后一定要夹紧尾巴做人，不要忘了自己姓甚名谁，要谦虚谨慎。要知道面对权力摇尾巴的人很多，想揪你尾巴的人也不少。

官场不喜欢三种人

有的领导，人们对他很反感，主要觉得他不是傻得不行，就是牛得不行，要不就是装得不行。傻得不行，不是他思维简单，而是他缺乏政治头脑；牛得不行，不是他职位显赫，而是他傲慢、缺乏品行修养；装得不行，不是他知识不足，而是他缺乏谦虚的态度。

官场有一些人，表现有"三不行"。

第一，傻得不行。这种领导有两大特点：一是明知故犯，二是办事糊涂。这种领导，不是脑脉不清，智商不高，而是政治上不成熟，思想上不清醒。

明知故犯表现为目无法纪、道德败坏、明火执仗，对自己的所作所为不做任何遮掩，把自己的丑闻曝晒在光天化日之下，成为人们茶余饭后的谈资。

办事糊涂表现在：人在官场，不可能不办私事，但为了私利，不加分析糊里糊涂违反原则办事是在做傻事，既对自己不负责，也对别人不负责，一旦犯事，后悔莫及。

第二，牛得不行。牛气的领导主要有四种人：一是起步早、得势早、不老练的人；二是在政界有后台、不自量的人；三是出身有背景、不谦虚的人；四是有能力但修养差、欠成熟的人。这些人一旦高升，很容易得意忘形。

这种领导有两大特点：一是傲慢，二是骄横。

傲慢指高傲自大，目中无人，老觉得自己有本事，谁都看不起，最大的毛病是对人不尊重。下级到了他的办公室，他连眼皮都不抬，屁股都不欠。路上碰到下级，下级礼貌地与他打招呼，他连头都不抬，看都不看。久而久之，下级只能躲着他走。实际上人不求人一般高，你架子大，在下级眼中没有用，只能说明你素质低。

骄横指一旦担任主要领导，一是霸道，盛气凌人，作风粗暴，一言堂，个人说了算，天马行空，我行我素；二是蛮不讲理，以权压人，动不动就训人，习惯横着走，不论用干部还是决断事，唯我独尊，我的主意谁也改变不了，别人提的建议一概不听。遇上这样的领导，下级只能少说话或者不说话。这种孤家寡人，严重脱离群众，严重脱离实际，往往决策失误多，工作败笔多，百姓骂声多。

第三，装得不行。这种领导有两大特点：一是不懂装懂，二是装腔作势。领导干部的职位和水平是两码事，有的职位升上去了，但水平一夜之间不可能提上去，只有与时俱进，不断学习，不断努力才能适应新的岗位。但有的领导事业心、责任心不强，只想做官，不想做事。这种领导每天只能装模作样混日子。

不懂装懂指有些新任领导，本应虚心地向同行请教，深入基层，到群众中去，了解情况，虚心学习，尽快进入角色，做好本职工作，但是，这种领导觉得自己是一个官，根本放不下架子，抹不开面子，仅满足于已有的知识和工作经验。常坐办公室，居高临下，听听汇报，指手画脚，每天围着会议转，开会不动脑，讲话靠念稿。下级遇上这样的领导只能是有看法、没办法。

装腔作势。这种领导多数自恃才高，缺少基层历练，经验不足，工作没思路，遇到问题没办法，光怕别人看不起。为了撑脸面，树权威，只能摆架子，发脾气，靠训人压阵，靠板脸树威，把追责挂在嘴上，常拿摘帽吓唬下级。这种领导话少，装城府深；摆谱，装道行深。这种领导，靠官位混日子，靠应酬耗时间。下级表面对他很尊重，内心根本看不起他。

没水平的三类官员

对一个地方的主要领导来说,基层百姓不管你是前门来的,还是后门进的,也不管你是"天上"降的,还是基层上的,他们希望你有水平、有能力推动一方经济快速发展,发展机遇不能拉在你手里。一个地方如果遇上一个无能的主帅,是一个地方的最大灾难,也是百姓的最大不幸。

有些官员身居要职,但不一定称职。官场复杂,升官有的靠背景,有的靠文凭,有的靠资历,但水平不一定有多高。没水平的官员大体归纳为以下三类:

第一,习惯训人的官员。训人也是一种工作方法。如果下级有错教训一下也无妨。关键是有的领导,动不动就训人,训得身边人躲着走,训得下级毛了手。下级普遍对这种领导作风很反感,如果有了一定的对立情绪,那就说明训人过了头。这种简单粗暴的工作方法,一是暴露了这种领导涵养不够,二是暴露了这种领导威信不高,三是暴露了这种领导办法不多。没水平的领导推动工作,以理服不了人,只能以权来压人。

第二,不会讲话的官员。讲话是领导干部综合素质的反映。有的领导大会小会讲话离不开讲稿,就是开个汇报会、座谈会,最后总结两句也得念稿。念稿可以,自己事先写得也行,问题是所有讲话都是秘书撰稿。领导不会讲话,一是暴露了历练不够,离稿讲话怯场;二是暴露了内功不行,离稿不知怎么讲;三是暴露了肚里没货,离稿就要乱讲。

第三，没有思路的官员。一个领导主政一方，必须头脑清晰，做到心中有数。办什么事，怎么办，必须有明确的指导思想，必须有清晰的工作思路。但有的领导每天事务推着走，每天忙于传达上级会议精神，每天忙于应付日常琐事。一是暴露了这种领导没有前瞻性，站位不高，视野不宽，只抓当前，不管长远；二是暴露了这种领导没有战略性，胸怀不广，格局不大，就事论事，小打小闹；三是暴露了这种领导没有积极性，心中无理想，眼中没目标，要求不高，得过且过。

以上三类官员，习惯训人，不会讲话，没有思路只是表象，其实质是能力有限，"才不配位"或者"德不配位"。这类官员应该有自知之明，"没有金刚钻，就不要揽瓷器活"。

四种领导不被尊重

做官最大的迷惑是,下级当面对你点头哈腰,背后却说你非常糟糕。

做官最大的遗憾是,下级表面对你笑脸相迎,身后却落下一片骂名。

从政中,有种尊重是认可。尊重有的表现在脸上,有的存放在心里。对领导来讲,被人尊重是自己的尊严、自己的价值、自己内心最重要的需求。每个领导都企盼得到人们的尊重。然而,有的领导缺乏基本素养,世界观、人生观、价值观没有得到根本改造,是社会不良风气的制造者和传承者。这种领导不但得不到人们的尊重,还被人唾弃。

哪些领导不被人尊重?

一是政治投机者。这种领导,不是凭自己的本事打拼天下的,而是靠关系爬上高位。他们习惯巴结权贵、投机钻营、拉帮结派、培植亲信、结党营私、打压异己。他们到一处有一处的小山头,在一地有一地的小圈子。

二是为官不为者。这种领导,没有抱负、没有理想,当官纯粹为了享受。吃喝嫖赌,样样沾边,贪图享乐,玩世不恭。在其位不谋其政,连起码的上下班都不正常,汇报、请示工作还得登他家门。开会靠秘书写稿,下乡为作秀报道。当一天和尚撞一天钟,甚至当和尚不撞钟,是典型的懒官、庸官。

三是胆大妄为者。这种领导,法律意识淡薄,对自己要求不严。做官以后忘乎所以,根本不顾什么社会影响,黑白两道都交,社会混混也是家中常客,不干不净的人也敢公开提拔。工程招标，暗箱操作，权钱交易，腐败堕落。

　　四是主观武断者。这种领导，傲慢骄横，目中无人。每天端着个黑脸，人们不敢靠近，更不敢提不同意见，我行我素，习惯一言堂，热衷于瞎折腾，什么政绩工程、形象工程，只要有利于他提拔，就集中精力专攻，不惜劳民伤财，不顾群众呼声，费神徒劳，专为自己贴金。

下级喜欢什么样的领导

基层工作的同志对上级领导并无奢求,只要领导对他们工作用心和操劳事业的甘苦给予理解和支持就行。下级敬佩那些礼贤下士、和蔼可亲、宽厚待人的领导。

无论在什么部门工作,下级都没有权利对自己的上级进行选择,但每个下级都期盼能遇到个好领导。那么,下级喜欢什么样的领导?

第一,喜欢有亲和力的领导。这种领导平易近人,没有架子,下级容易接近,心里有话愿意跟他说,家中有事愿意让他帮。这种领导热心肠,关心下级,爱护下级,帮衬下级。这种领导为人谦虚,能倾听群众呼声,容易与群众打成一片,有深厚的群众基础。他主政,单位有凝聚力,有感召力,有战斗力。

第二,喜欢有正能量的领导。这种领导公道正派,一身正气。他主政,单位有正气,干部群众心情舒畅,扬眉吐气,干劲冲天。那些耍滑的、偷懒的、搬弄是非的,都没有市场。这种领导主政,单位环境好,风气好,是非少。

第三,喜欢有责任担当的领导。这种领导有胆有识,坚持原则,不怕惹人,不怕担事。只要对工作有利,对百姓有利,他们不推、不拖、不靠,敢于拍板,勇于决断。这种领导旗帜鲜明,办事干脆,有错误不推卸,有责任敢担当。这种领导敢为下级做主撑腰,下级有错,敢于承担责任。这种领导跟上级敢于说真话,上级有错敢于较真,甚至敢于叫板。

第四，喜欢有真本事的领导。这种领导有知识、有实践、有水平，肚里有"货"。看他是否有"货"，首先看讲话能力，这种领导讲话，铿锵有力，掷地有声，吸引听众，内容实在，通俗易懂，容易操作。这种领导，决策能力强，指挥能力巧，实干精神足。跟上这样的领导，虽然很累，但也感到痛快。

那么，下级不喜欢什么样的领导？

第一，不喜欢拉帮结派、结党营私的领导。这种领导，讲义气，不讲政治；讲情感，不讲原则；讲派别，不讲大局。这种领导，任人唯亲，拉拢私党，热衷于搞团团伙伙。这种领导，顺我者昌，逆我者亡，良莠不分，以人划线。他认为不在他线上的人，做得对也是不对，干得好也是不好，并且还专挑毛病，压制对方，排斥异己。遇上这种领导，下级受苦又受气，伤神又伤心。

第二，不喜欢夸夸其谈、不务实的领导。群众说，干部，干部，必须先干一步；如果不干，不如一块抹布。群众对官员的评价，既听你说的是什么，更看你做的事情。做官一定要懂得，百姓是记事不记人。为官期间，做了让百姓长期受益的大事、实事，百姓看见事就能想起人；如果没有做事，即便你坐在主席台上，百姓既不关注你也不念叨你。

第三，不喜欢自以为是、目中无人的领导。这种领导由于内功不行，光怕别人看不起，所以，习惯唱高调，摆架子，酸味十足。这种领导，欺软怕硬，对上阿谀奉承，对下盛气凌人。下级在他面前不敢说话，一有不对就遭到训斥，一有过失就被揪住不放。这种领导傲慢自负，扬扬得意，觉得高人一等，公众形象很差，自我感觉却良好。

第四，不喜欢胆大包天、胡作非为的领导。这种领导自控能力太差，随心所欲，什么板都敢拍，什么友都敢交，什么钱都敢收，什么船都敢上。这样的领导主政，必然会带坏一方队伍，败坏一方风气，延误一方发展。

领导喜欢什么样的下级

领导喜欢能干、听话、聪明、忠诚的下级。能干就是有能力独当一面,他负责的工作不需要领导操心;听话,就是领导觉得在下属眼里说一不二,被人尊重、被人敬畏;聪明,就是能够读懂领导心思,只要领导一个眼神,就能够把事情办妥;忠诚,就是领导感觉你非常忠实,有什么话敢和你讲,有什么事敢让你办。

一个班子有主帅,有副职,还有下级。主要领导对每个下级都有一定评判,有喜欢的,有不大喜欢的。那么,主帅最喜欢什么样的下级?

第一,喜欢干活实在、任劳任怨的下级。这种下级,干工作勤勤恳恳、兢兢业业,上级安排的工作再难也不懈怠,再苦也不叫累,再委屈也不埋怨。

第二,喜欢立说立行、说了就干的下级。这种下级,作风干练,雷厉风行,上级安排的工作,不推、不拖、不靠,说办就办,既讲效率,又讲效果。

第三,喜欢有主见、善献策的下级。这种下级有想法,有办法,不死板,爱动脑,并有自己的主见,如果上级安排的工作不切合实际,他会灵活变通,圆满完成,并从实际出发,经常不断地为主要领导献计献策。

第四,喜欢忠心耿耿、憨厚实在的下级。这种下级,忠诚老实,为人厚道,品性好,有人缘,在领导眼中信任度很高,他办什么事领导都非常放心。

那么,领导不喜欢什么样的下级?

第一，不喜欢人前一套、人后一套、投机耍滑的下级。这种下级，看起来很会做事，对领导点头哈腰，当面什么都行，背后什么都不行，阳奉阴违，两面三刀，十分阴险。

第二，不喜欢胆小如鼠、谨小慎微的下级。这种下级，树叶掉下来也怕砸了脑袋，自私自利，明哲保身，不求有功，但求无过。

第三，不喜欢偷奸耍滑、不敬业的下级。这种下级对工作不积极，不主动，推一推，动一动，上级安排的工作能拖则拖，能躲则躲，消极怠工，当一天和尚撞一天钟。

第四，不喜欢性格软弱、没有魄力的下级。这种下级，有性格缺陷，且能力太差，主要是打不开工作局面，处理不了复杂矛盾，交办的工作一遇困难就退缩，一有麻烦就收兵，啃不下硬骨头，拿不下硬任务。

第五，不喜欢胡作非为、不守规矩的下级。这种下级，道德修养差，不注意个人形象，私心严重，爱占别人的小便宜，习惯向下伸手张嘴要好处，走一处人们骂一处。

与领导相处有"四忌"

人与人相处最为复杂，与不同的人相处有不同的忌讳。与朋友相处，一是忌讳借钱不还，二是忌讳随便说出对方的秘密。与领导相处也有很多忌讳，如果在官场弄不清这一点，吃亏的是自己。

与领导相处有"四忌"。

一是在公开场合与领导顶嘴。顶嘴不单单是性格问题，而是不懂规矩不成熟的表现。公开场合顶嘴会伤领导的颜面，领导在众人面前失去尊严会十分恼火。一次顶嘴，会失去领导长时间对你的信任，而在官场信任是稀缺资源。失去信任就会失去很多进步机会。领导有时会错怪你，但你一定要学会忍耐。要明白，你脾气来了，同时你进步的机会就可能走了。能屈能伸是官场的生存规则。

二是为显摆自己与领导抢功。显摆只能让上级嫉恨，让同级忌妒，让下级讨厌。有功让公众评说。显摆是私心，是突出自我，是自恃聪明，会聪明反被聪明误。

三是在领导最需要你表态时你却沉默。怕惹人，态度暧昧，旗帜不鲜明，在关键时候回避矛盾，不吭气，装好人。可你想过没有，在重要场合，你的一票至关重要，此时领导心里要的就是你这一票。

四是以辞职或请假要挟领导。领导不怕要挟，地球离开谁都照样转，要挟领导，只能暴露你有思想情绪。这种发难，还不如直接给领导提出意见。抓不住理由的要挟只能使自己吃亏。一次要挟，几次请假，只能让领导对你产生看法。

　　人一生常在两个地方：家里和单位。在家里非要和老婆争个对错，那是不想过了；在单位非要和一把手比个高低，那是不想干了。在家里没事与老婆找事，就会生事；在单位没事与一把手找事，就会有事。

百姓看干部主要看"三条"

老百姓看干部,主要看三条:一看工作作风,干不干;二看生活作风,廉不廉;三看工作能力,强不强。也就是说,是否勤政、廉政和有能力主政。

勤政,老百姓要看你干活不干活。邓小平说过:"不干,半点马克思主义也没有。"然而,现在有少数干部因为价值观问题,或者因为"情绪"问题,整天乐于"坐而论道""臧否天下",正事不干,风凉话不断。在其位不谋其政,清晨起床,打拳;上午开会,打盹;中午吃饭,打嗝;下午上班,打哈;傍晚加班,打牌。上班一杯茶,一支烟,一个电话聊半天。不读书、不学习,玩游戏、炒股票,"斗地主"、打麻将,慵懒懈怠,尸位素餐。这样的干部虽然没有违法犯罪,但正像清代李文耕给后人留下的一句名言:"官不勤则事废。"纪晓岚的《阅微草堂笔记》里有则故事:一位官员死后到阎王殿,傲然标榜说:"我所到之处,只喝别人一杯水而已,因此,在鬼神面前心中无愧!"阎王讥讽说:"设置官员是为了治理百姓,任何官员都要去做兴利除弊的事情。仅仅认为不要钱就是好官,那设一木偶在公堂上,它连一杯水都不喝,不更胜过你吗?"官员又辩解说:"我没有功劳也无罪过!"阎王说:"你干什么都只顾保全自己,这不是有负百姓吗?遇事怕烦劳而不去做,这不是有负于国家吗?没有功劳就是罪过!"

廉政,老百姓要看你干净不干净。古人讲,"贪如火,不遏则燎原;欲如水,不遏则滔天"。领导干部一定要正确看待名利地位,遏制贪欲之心,避免跌入腐败陷阱。有的人以为如今是市场经济时代，钱多光荣，钱少狗熊。殊不知君子爱财，取之有道，党纪国法切不可违背。莫伸手，伸手必被捉，有的人"一人得道，鸡犬升天"，权为家人所用，利为家人所谋，不是合伙开矿，就是借权经商，变着花样敛财，掩耳盗铃，装正经人。其实，天上有多少颗星星，地上就有多少双眼睛，家有黄金外有秤，身边百姓知轻重。他们的名声、口碑是自己坏的，威信不高是自己闹的，左脚踩右脚，纯粹是自己糟蹋自己。要想坦坦荡荡做人，就要干干净净做官。

主政，老百姓要看你能力强不强。你即便再勤政、廉政，但没有能力主政仍然不是好官。有的领导勤勤恳恳、干干净净，就是工作能力太差。工作没有招数，每天碰见啥干啥；决策没有主意，别人说啥是啥；对下不会调动，下级干啥算啥；讲话离不开稿子，秘书写啥念啥；自己没有主见，经常说了啥变啥；工作没有魄力，窝囊得不知该说他啥。一个单位、一个地方如果遇上这样的主政领导，必然经济发展快不了，社会稳定好不了，人民生活富不了。

只有勤政、廉政并且有能力主政，才是老百姓眼中、心中的好官。一个好领导，这三条必须同时具备。不干也不贪，不行；能干又能贪，也不行；勤、廉都具备了，但能力不行，也还是不行。

| 第五篇　从政杂谈篇 |

主要领导要记住"三句话"

人没全,事没完。主要领导面对的工作更是千千万。作为称职的领导,要集中精力抓大事。请记住三句话:一是"有所不为才能有所为";二是"你能办的事就不要找我";三是"只管方向,不管路线"。

人的精力和能力是有限的,领导也一样。人和人相比,精力、能力大小会有区别,但在有限这一点上没有区别。主要领导权大责重,职权范围内所有工作都要负领导责任。特别是在"第一责任人"的帽子越来越多的时候,更是如此。但是,作为一名称职的领导,要清楚自己的主要职责,要善于用人,敢于放权,更好地发挥班子成员以及更多部下的积极性和创造性,腾出时间让自己集中精力抓大事,正如曾国藩所言:"办大事者,以多选替手为第一要义"。

如何才能集中精力抓大事?请记住三句话:

一是"有所不为才能有所为"。人没全,事没完。主要领导工作千头万绪。所以,干什么,抓什么,必然要有所选择、有所取舍。孟子讲"有所不为而后可以有为"。明代吕坤则说"有所不为,为有成",如果什么事情都想为,势必为而难成。因为人的精力有限、工作时间有限,权限范围内可动用的资源也有限。只要选择了取,就意味着舍,这是个必然。有所为就必然有所不为。有所不为是一种选择智慧,是一种为政思路,是一种领导方法。所以,如果从特定的目的性来说,如果你想有所作为,就必须要有所不为。不为小事琐事,而为大事要事。路多岔,树多枝,只有选择放弃小事不做,才能腾出时间、腾出精力想大事、抓大事、成大事。

二是"你能办的事就不要找我"。"我有我的事,你有你的事,如果所有事都来找我,要你这个助手干什么?"主要领导都应该有这样的思维。主要领导要谋大事、抓大事就必须排除各种干扰,减少各种麻烦,推出你不必管的所有事情。领导要舍得放权,不仅让副职、助手在职权范围内独立工作,而且让他们把你顾不着管的事都管起来,并且管好。当然,放权的核心是信任别人,关键是下放利益。古话说得好"财聚人散,财散人聚",同样的道理,"权聚人散,权散人聚"。把大小权力都抓在自己手里,表面上看每个人都围着你转,实际上你没有真正的凝聚力。事实证明,放权后下级的责任心会更强,积极性会更高,事情也会干得更好。美国通用电气董事长兼CEO杰克·韦尔奇有一句名言:"管的越少,成效越好"。

三是"只管方向,不管路线"。方向和路线相关,是一个统一整体。方向管大局,起主导、决定性作用,路线是大方向确定之后,朝着方向选择的路径。在这个层面上,应该有个分工,主要领导管方向,助手和下层管路线。比如,主要领导决定某月某日某时去北京,只要提出这个方向、目标就行了,除非有特殊需要专门交代,否则至于坐飞机还是乘火车,哪条路线最快捷、最省时,从哪个机场、车站走等问题都可以由部下决定。如果管得太细,不利于下级发挥积极性和创造性,或者造成下级对上级的过度依赖,大事小事事事请示,一点儿也不动脑筋。我们倡导"八仙过海,各显神通",不要"八仙过海,统一行动"。

正职要做到"三条"

合格的正职要做到三条:拿得起、放得下、跳得出。拿得起就是拿得起权力,拿得起权力才彰显"霸气";放得下就是放得下架子,放得下架子才能接上"地气";跳得出就是跳得出自我,跳得出自我才能凝聚"人气"。

在工作实践中,我们常常会看到一些让人着急的正职:一种是驾驭不了组织交给的权力,压不住阵脚,手下的人各行其是,乱成一团;一种是高高在上,架子很大,老百姓的唾沫快成河了,都不知道是什么原因;还有一种是能力、德行均有问题,但自我感觉还好得不得了,别人看他是个坑,他看自己是座峰。

合格的正职要做到三条:拿得起、放得下、跳得出。

第一,拿得起权力。拿起权力才彰显"霸气"。权力是领导者的力量所在,尤其是作为地方主要领导,必须要有威严、有气场、有张力,大权在握,说一不二。只有这样,才能令行禁止。拿得起权力,领导要做到两条:一是用好"三权",即用好决策权、用人权、奖惩权。掌控好这"三权",才能把握工作的主动权。二是三个地方不能软:一是耳朵不能软,自己有主见,不偏听偏信;二是骨头不能软,遇到困难有愈挫愈勇的气势,有"冻死迎风站,饿死挺肚行"的骨气;三是手腕不能软,遇事有"狠心",铁面无私,不怕惹人,敢碰硬,敢动真。

第二,放得下架子。放下架子才能接上地气。正职有强硬的一面,有官架子,这是必需的,因为要驾驭全局,统领部下,带领队伍干事业。但作为主帅,也要有谦和的一面，平易近人，和群众交朋友，这样才能接上地气，听到真话，才能使决策更符合实际。只有放下架子，才能真正深入群众，了解群众需求，倾听群众呼声，才能掌握真实情况，不被假象蒙蔽。现在有些领导搞调研总喜欢下级层层接待，提前通知做准备，满足于转一转、看一看、听一听。岂不知这样的做法，是架子放不下，真话听不到，情况吃不透。古代微服私访的做法，就是要官员脱掉官袍、摘掉官帽，放下架子，深入民间，体察民情，了解民意。官架子有的时候就是枷锁，锁住了领导者的眼睛、耳朵，隔断了和群众的密切联系。

第三，跳得出自我。跳出自我才能凝聚人气。一是跳出自我看大局。作为正职要有"大我"观念，把小我延伸到单位、事业、群众、服务对象。单位的事业发展了，大家进步了，群众满意了，"大我"就体现了。二是跳出自我看问题。不识庐山真面目，只缘身在此山中。我们看事情、看别人、看自己往往不由自主地会从自己的角度出发。但作为正职，要学会多立场、多视角设身处地地看问题，要常常设想群众怎么看，下属怎么看，领导怎么看，同级怎么看。认真倾听各方意见，才能思路更宽阔，心里更敞亮，认识更清楚，决策、用人、奖惩更实际。跳出自我，就是要把自己的名利心放下。放下名利心，才能处事公道，待人公平，才能弘扬正气，凝聚人心。

| 第五篇　从政杂谈篇 |

副职要做到"三条"

　　一个好的副职要做到三条：说了动，挡得住，受得下。说了动，就是雷厉风行干起来，勤奋工作不推诿；挡得住，就是攻坚克难挡一面，少给主帅找麻烦；受得下，就是受苦受累不越位，受了委屈不吭气。

　　"吃饭要吃素，当官要当副"，大意是副职责任小，还有靠，比一把手好干。其实，当好一个副职也很不容易：既要干好自己的分管工作，赢得群众认可；又得处理好与主帅的关系，得到正职的肯定。一般来说，正职不喜欢能力太差、什么也干不了拿不下的副职，也不喜欢德行不好、经常惹是生非的副职，同时还不喜欢越权抢功、过分突出自己的副职。当好副职的关键，就是要恰到好处地定位，做到说了动、挡得住、受得下。

　　说了动，就是雷厉风行干起来，勤奋工作不推诿。正职作出决定之后，副职就成为执行决定的先锋，必须雷厉风行，想方设法完成工作任务。有的副职能力不行，遇到工作如狗咬刺猬，无处下嘴，不能很快执行决定；有的副职遇事先打自己的小算盘，一旦没有好处就动力不足，懒得动手，今天拖到明天，明天等到后天；还有的副职自以为是，因为和正职意见相左，故意顶着不干。不论是哪种情况，都会影响工作进度，也难以得到正职的肯定。

　　挡得住，就是攻坚克难挡一面，少给主帅找麻烦。作为助手的副职，要可靠，让主帅放心省心。要挡住矛盾、挡住困难、挡住麻烦。有的副职骨头太软，遇到困难缩头缩尾，不是先想办法克服，而是先汇报，从正职那里找办法；有的副职是好好先生，遇到矛盾绕道走，宁肯耽误工作也不得罪人；有的副职能力太差，遇到麻烦没有勇气面对，没有办法解决，只好把皮球踢给主帅。这样的副职就是挡不住、不称职的助手。遇到这样的副职，主帅就不得不分散精力，处理不该亲自处理的事情。

受得下，就是受苦受累不越位，受了委屈不吭气。受苦受累受气，是每一个领导干部的必修课，作为副职，更是如此，不仅要受苦受累，还会经常受气。一是受得了上级的"霸气"。在上下级关系中，上级往往理直气壮，有些"霸气"。职位不同，责任在肩，正职的压力相对较大，在一些特殊的场景下，正职要靠"压"来促进工作，而不做更多的解释，作为副职，要理解接受，以工作为重，不能赌气。二是受得了下级的怨气。有的时候，有些事情没有办周全并不是因为你的原因，但是下级有怨气会把怨气撒到你头上。下级有怨气，不是冲你个人，而是冲你的职位，作为副职，你要代表组织接受这怨气，并想办法化解。三是受得了憋气。作为副职，工作要干好，但不能越权，不能过分表现自己、突出自己，要甘当绿叶，有麻烦揽给自己，有功劳归于主帅，就这样，还难免受主帅指责，因此有时也觉得憋气，这也要正确对待。功高不能盖主，副职如果没有正职的放手支持，没有群众的努力配合，一个人能力再大也干不成事。

做到这三条，不仅是为了处理好与正职的关系，更重要的是以大局为重，相互配合，携手并肩，加强团结，做好工作。

新官为什么不理旧事

群众百思不得其解，前任后任干的本是一回事，本应保持工作的连续性和稳定性，为何他们往往是新官不理旧事？这也是从政中常见的一种怪现象。

极端个人主义有一个突出表现，就是否定别人，突出自己。

一个地方，领导更替、干部交流是常事，但一个地方的工作必须保持连续性和稳定性。其指导思想、工作重点，经过一茬一茬领导不断实践推进，不断总结完善，会逐步形成一个地区发展的鲜明特征。这样一任接一任坚持干下去，奋斗十几年，甚至几十年，一个地方才能发生根本性的变化。就像山西的右玉，十几任县委书记一个调，紧紧抓住植树造林不放松。然而，有的地方主要领导不遵循这一工作规律，刚到一地，椅子还没有坐热，情况还没有吃透，问题还没有弄清，就重打锣鼓另开张，眨眼之间就甩出了一系列不切实际的工作套路。

否定前任的突出表现是，推翻前任领导制定的指导思想，改变前任领导实施的工作计划。比如，前任修路，后任应接着修桥补路，但后任认为修路是前任的功，修桥是给前任锦上添花。为了突出自己的政绩，自己要另辟蹊径去盖楼。就因为后任存在这种思想，致使路桥成了半拉子工程，给当地百姓的正常生活带来诸多不便。群众百思不得其解，前任后任干的本是一回事，本应保持工作的连续性和稳定性，为何他们往往是新官不理旧事？这是从政中常见的一种怪现象。这种怪现象导致一个地方的发展反反复复，进进退退，曲曲折折，走了不少弯路。

产生这种怪现象的原因：

一是突出自我，否定他人。这种领导，总觉得自己比别人强，不能客观地评价过去，不尊重历任领导的劳动成果，不管过去干得对不对，不管是否符合本地实际，统统推倒重来。

二是短期行为，急于求成。这种领导，捞取个人资本，助推自己高升是其追求的目的。到一地工作仅仅是为了镀金，根本没有做长远的打算，他们心浮气躁，急功近利，一心寻找终南捷径，把官升得再大点。他们把做事看作上升的阶梯，热衷于搞突出个人政绩的形象工程、面子工程，不惜劳民伤财，肆意折腾。而对于打基础利长远的事，百姓受益的民生工程、致富工程，由于见效太慢，他们并不感兴趣。

三是监督缺失，权力任性。这种领导个人主义膨胀，独断专行，一个人说了算、决策不科学、不民主、不依法，失误在所难免。当权力任性的时候，监督机构也很难起到应有的制约作用。权力不受监督，恣意滥用，就会瞎折腾，结果只能是当地发展受阻，百姓利益受损。

一个地方主要领导调整、干部换岗是很正常的，但一个地方的工作方针、指导思想、工作重点变来变去却是不正常的。能变的是领导者，不能变的是客观规律。一个地方变化不快与一些主要领导工作的随意性、瞎折腾有极大关系。他们心血来潮，乱提口号，脱离实际，盲目瞎干，对一地经济和社会发展造成的损失是无法估量的。这一教训值得我们深刻吸取。

后任如何接前任

"铁打的衙门流水的官",一个地方、一个单位,主要领导更替是正常现象,总有后任接替前任的时候。后任对前任领导工作中存在的问题往往很敏感,而前任最反感的就是后任对自己工作的否定。怎么办?对则循,错则改,缺则补。

俗话说"新官上任三把火"。新官上任,有干事的热情,有想法,有活力,是好事,也符合上级组织的要求和群众的希望。但是,"一朝天子一朝臣,一个将军一道令"的做法却值得深思。后任如何接棒前任?有三条:对则循,错则改,缺则补。

首先,对则循。前任在位时的重大决策、工作思路和方向,往往是经过调查研究,基于本地实际情况,认真酝酿提出来的,后任一定要慎重对待,吃透情况再确定如何取舍。如果依然符合实际情况,那就要坚决地继承下来,发扬下去。对于一些具体项目,更要具体分析,能继承的尽量继续完成。但事实往往不是这样。有的新官上任之后,受急功近利政绩观的影响,或者出于过分想表现自己的愿望,不顾实际情况,不进行深入的调查研究,就轻易否定前任,提出新的口号、目标。这样做危害很大,一是有损政府信誉,在群众中产生不良影响;二是容易引起误解,人为地增加工作阻力;三是容易犯主观主义错误,给事业带来损失。一些重大决策需要几任领导的坚持甚至几代人的努力才能见到成效,轻易改弦易辙,会前功尽弃。山西右玉县1949年以来坚持数十年绿化治沙,最终使这个沙化严重的不毛之地变成塞北绿洲，并形成被中央肯定的"右玉精神"，正是对则循的结果。

其次，错则改。人无完人，前任领导一定有局限性。加之经济社会在不停地发展，一些政策、提法可能会与新的形势不相符合，改，是正常的，也是必然的。改，关键有三条。一是动机要纯正。不是单纯为了改而改，更不是为了证明前任不如自己而改，也不能单纯为了出政绩而改。改，一定是出于实际发展的需要，出于百姓利益的需要。二是认准了再改。重大政策、方针，一定要经过深入的调查研究，明确了改的必要性，明确了怎么改、什么时候改最合适。三是要讲究方法。改是一种修正，是为了工作，没有必要对前任进行过分的否定、批评。正如搓澡，目的是使人洁净，而非证明其污秽。需要统一思想的时候，只讲为什么要这样，不多去论证原来那样的错误。必要的时候，还可以提前和前任沟通，以取得理解与支持。

最后，缺则补。补缺是新任领导大显身手的地方。一个地区的发展过程是一个叠加的过程、递进的过程。一般来说，前任的努力是现任工作的基础，只能扬弃，不能否定。正像盖房子一样，前面已经建了一部分，除非有特殊情况，一般不需要拆掉重来。某种程度上来讲，每一任领导，都在补。不缺是相对的，缺是绝对的，补是永远的。前任不反对后任补，因为补是在肯定的基础上做的，和改有所不同。一个国家、地区要不断进步、发展，就是要一代一代地补。补，就是有所创新，有所发展，有所进步。

新官上任，对则循，错则改，缺则补。这是继承与发展，这是扬弃，这是在原有基础上的创新。而不思进取，躺在前任打下的基础上睡大觉，或者轻易把过去完全否定掉，重打锣鼓另开张，都是不科学的，不可取的。

外一篇
感悟做人

做官先做人

做好人是当好官的根本

是官员你一定要记住：先做人，再做官；是老板你一定要记住：先做人，再挣钱。否则，官还会降，钱还会丢。

做人一定要像人，做官如果一身官气，那你只是官，不是人。一定要记住，不论职位有多高都要以本色做人，以角色做官。

做官先做人，做人要做到正直、敬业、诚信、友善，如果连这些做人的起码要求都做不到，那就不配做官。做好人是做好官的前提和底线，底线不保，做官易倒。

做人要一切从家看起

一个人，如果连家庭、亲戚关系都处理不好，试想他怎能处理好复杂的社会关系；在家中姊妹兄弟面前一点亏都不吃，试想他与同事、朋友相处怎能大方；在家中无所作为、懒散自卑，试想他在单位怎能勤奋工作；在家中对子女都要求不严，试想他在单位怎能带好队伍；在家中对父母都不孝不顺，试想他在领导岗位怎能当好人民公仆。

人不求人一般高

做官一阵子，做人一辈子。为官者，要平易近人，放下身份说话，放下架子做事，不要总在乎自己是个官。

为官者，只有在履行职责时是官，而且应当有官威。如果在一切场合都端着官架子，挨骂是必然的。

做官摆架子，给百姓摆没有用。人不求人一般高。

方圆做人

人生如车，靠方支撑，靠圆前行。

正直做人

孟子讲："富贵不能淫，贫贱不能移，威武不能屈。"其实正直就是对正义和真理的不懈追求和坚守，就是堂堂正正、坦坦荡荡，光明磊落；就是刚直不阿，上不欺天、中不欺人，内不欺心。

靠谁也不如靠自己

谢天谢地谢自己

天道酬勤,地道酬德,人道酬和,商道酬信,官道酬正。道是自然规律,谁都不可违背。遵道而行,必定成功。

勤、德、和、信、正,都是一个人内在的修养和素质。成功要酬谢,首先应该酬谢自己。世上没有救世主,只有自己救自己,自己的命运自己定。如何定?就是遵循大道修炼自己。修炼自己的过程正是入道的过程,也是成就自我的过程。

世界是自己的

阳光普照大地,雨露普润草木。树木能否成长全靠自己。著名作家杨绛先生曾说过,我们如此期盼外界对自己的认可,到最后才知道,世界是自己的,与他人毫无关系。

有的人在政界,不是努力工作,而是费尽苦心托关系,寻后台,想找进步捷径。其结果是竹篮打水一场空。几年下来,混得心烦意乱,碰得头破血流,最后才认识到:靠谁也不如靠自己。

自己是运筹帷幄的将军

人的一生,从某种意义上说,就是一场自己对自己的战争。每个人的身上,都依附着两个自己:一个勤奋的自己,一个懒惰的自己。这两个自己是一对天生不和的兄弟,他们每天都在争斗,每天都在试图打败对方。事实上，没有谁能够左右胜败，除了你。在与自己的战争中，你就是运筹帷幄的将军。

识时务者为俊杰

我们既要承认人性，又要尊重人性；既要张扬人性，又要限制人性。说到底就是要修炼人性。修炼人性必须跟着时代走，跟着政策走，跟着法纪走。

理想从来不会挑剔一个人的出身

一个人可以一无所有,但不能没有理想

理想从来不会挑剔一个人的出身。不论你出身高贵,还是出身布衣,只要你有理想,只要你为理想不懈努力、积极奋斗,你的成功目标就有可能实现。一个人可以一无所有,但不能没有梦想,梦想是激发活力的源泉。

理想,不付诸行动就是空想

风帆,不挂在桅杆上,只是一块普通的布;桅杆,不挂上风帆,只是一根平常的柱;理想,不付诸行动是虚无缥缈的雾;行动,没有理想是徒走没有尽头的路。

目标能激活人的潜能

目标会在两个方面起作用:一是努力的方向,二是前进的动力。目标催人奋进。目标能激发能动性,好比给了我们一个看得见的射击靶。经过努力实现了这些目标,我们就会有成就感。目标越大,推动人们前进的动力就越大,就像运动员上了赛场,夺金牌的目标会激发他的最大潜能。

有目标的人在奔跑,因为他有动力;没有目标的人在闲逛,因为他不知道要去哪里。

有目标的人睡不着,因为他在想事情;没目标的人睡不醒,因为他不知道醒来后该去干什么。

好人品是一个人的最好风水

好人品自带光芒

一个真诚的人,走到哪里都会有人喜欢。因为他说话认真,做事用心,为人诚恳。

一颗善良的心和谁相处都能长远。因为他懂体谅,懂包容,懂尊重。

好名声,是靠自己工作勤奋、业绩卓著和一身正气、两袖清风换来的;好人品,是靠吃亏、吃苦、诚信、奉献得来的。人品,不仅是一个人最好的风水,也是一个人最硬的底牌。

好人品是人生的荣耀,它是一个人诚信价值的全部财产。人品好的人,自带光芒,无论走到哪里,总会熠熠生辉。

检阅人品的四条标准

一看利益面前的抉择;二看承诺后的兑现;三看如何对待比自己地位低的人;四看有钱有权后对待朋友、恩人的态度。

人最怕什么

人最怕信任后的欺骗,热情后的冷淡,付出后的心寒,亲密后的疏远,熟悉后的厌倦,深情后的敷衍。

做人不要跟风

做人贵在恒常,不要跟风,不要投机,不要钻营。跟风、投机、钻营有可能一时得势,但时间一长,人品会丢分,最终会吃亏。此一时彼一时,以不变应万变乃做人之根本。耍精、耍奸、耍滑，你失去的要比你得到的更多。

做人要有诚信

信用是道德的最高境界。言必信，行必果。承诺了的东西就要兑现。承诺虽不是法律，但有道义的约束。值得信任的从来不是说出来的话，而是做出来的事。

一个人的诚信就像根据地，不诚信就立不住脚。诚信是做人、做事、做官的立身之本。

厚德，是一个人最硬的底牌

厚德必虚己

虚怀若谷，谦虚谨慎，品德才会厚重。人一旦有点地位，虚荣心往往会随之增强，虚荣心一强就容易心浮气躁，忘乎所以。对下脾气大，对上不谦虚。

厚德必亏己

不怕吃亏，任劳任怨，品德才会厚重。受苦不讲得失，受累不怕麻烦，受罪不图回报。与别人发生冲突时不争，别人错怪自己时不辩，别人伤害自己时不气。

厚德必忘己

忘我才有我。先人后己，忘我奉献，品德才会厚重。一事当前先为他人考虑，勤勤恳恳，兢兢业业。带着感情，带着责任，带着良心，忘我地投入工作。

厚德必严己

两袖清风，清正廉洁，品德才会厚重。视金钱为粪土，看富贵如浮云。死守原则底线，严格要求自己，清清白白做人，实实在在做事。

厚重的品德是自己成功的基石，正所谓"种德收福""厚德载物"。反之，德不配位，必有灾殃。

我是"黄土"不是"金"

人一定要看轻自己

不要老是把自己看成金子,把自己看成金子就有一种被埋没的痛苦。其实你自以为是金子,在别人眼中却未必是金子。如果你真的是金子,就不要担心自己没有价值。

离你最近的人就是自己。既要看清自己,又要看轻自己。自己是什么?是泥土。泥土烧成砖,由人任意搬,盖了高楼不骄傲,修了厕所不悲观。

低调做人

低调做人,可以保护自己,谨防嫉妒;易于融入群体和谐相处;也可以让人暗蓄力量、悄然潜行,在不显山不露水中成就事业。

低调做人,意味着你必须丢掉一些东西,比如,身份感、优越感、尊贵感、荣耀感等。低调不是压抑自己的欲望,而是自然而然身处平常之中。

低调,是一种清净内敛,是人生必须摆正的一种稳重姿态,是自我按捺的一种谦逊言辞,是平易处世的一种和善风格,真正的强者,总是喜欢藏锋守拙。但关键时候他一定会果断出手,因为出手才能解决问题。

虚心使人进步,骄傲使人落后。有成绩、有贡献也不要傲气十足。要记住清代廉吏于成龙的一句话:尽心尽力未能十分尽职,任劳任怨不敢半点任功。

人可傲而不可狂

大山都为河水让道,人有什么理由横行霸道?

胆子过大，做事高调，狂到一定程度，不打自倒。常言道，上帝叫你灭亡，首先让你猖狂。切记，骄傲和狂妄都是成功下的蛋，孵出来的却是失败和灭亡。

别把自己当回事

当别人不把你当回事的时候，自己一定要把自己当回事；当别人把你太当回事的时候，自己不能太把自己当回事。

放低自己，并不是贬损自己，而是为自己获得力量，放低自己，力量才会向你汇聚。"水因善下终归海，山不争高自成峰"，高人，总在静默中成长。

成功者在忌妒中成长

强者应该享受被忌妒的荣耀

一山突起丘陵妒。忌妒之心人人有之,不要为忌妒而苦恼,强者应该享受被忌妒的荣耀。

学会表现自己、包装自己、推销自己,这对一个人的成功非常重要。表现自己就不要在乎别人忌妒,有人忌妒并非坏事。庸者没人忌妒,弱者没人忌妒,有人忌妒说明自己比别人强。

路还长,别太狂,以后指不定谁辉煌

人生在世,谁也不要看不起谁,此一时,彼一时。这段路,可能你走得顺点,那段路或许他走得背些,道路曲折,时快时慢,都属正常。问题是顺的不要嘲笑背的,背的也不要忌妒顺的。人常说,路还长,别太狂,以后指不定谁辉煌。梅兰竹菊,各有花期。

无能时,不要嫉恨人

有势时,不要不让人;失势时,不要埋怨人;有理时,不要不饶人;无理时,不要争三分;有能时,不要嘲笑人;无能时,不要嫉恨人。

别人的成功你复制不了

与其忌妒别人,不如改变自己。管好自己的心,做好自己的事。不埋怨谁,不嘲笑谁,也不羡慕谁,阳光下灿烂,风雨中奔跑,别人的成功你复制不了,做自己的梦,走自己的路。

承认现实，不要在乎别人

你混不好别人看不起你，你干好了别人看不惯你。嫌你穷的可能是外人，怕你富的多是身边人。需要防着的绝对不是陌生人，能伤着你的一般是最熟的人。话虽然无情，但往往是现实。

人生就应该奋斗

枪打出头鸟，不要怪枪，而怨鸟飞得不高不快。不想出头的人生，永远是平庸的人生。

慎言，也是一种修养

闲言听之不可说

闲言不可听，听之不可说。如说，夫妻听之散，朋友听之绝，亲戚听之疏，邻里听之怨。人生七尺躯，谨防三寸舌，舌上有龙泉，杀人不见血。

群处守住嘴

与别人相处，夸夸其谈，似乎眼界开阔，知识渊博，积淀丰厚，岂不知给人的感觉是轻薄、肤浅和狂妄。与别人相处，信口开河，毫无遮掩，往往无意中伤害他人。

话不能多

事不能拖，话不能多。说多错多。与你无关的事，别问别想别多嘴。

"五不说"：一是不说自夸的话，二是不说带气的话，三是不说人坏话，四是不说伤人的话，五是不说不得体的话。

碰上这种人要紧闭嘴巴

假如碰上一个过于深沉的人，切不要把内心的秘密向他倾吐。假如碰上对人对事愤愤不平、抱怨不已而又自我感觉良好的人，就应该紧闭嘴巴。

说话要掌握分寸

着急的事，慢慢地说；没把握的事，谨慎地说；没发生的事，不要随便说；做不到的事，不要轻易说；伤害人的事，千万不能说；别人的事，小心地说；自己的事，听人怎说；长辈的事，多听少说。

不说为贵

很多时候，面对一些人和事，我们应该选择不说，保持沉默。不说，不是我们理亏，而是要让事实说话；不说，不是因为我们畏惧，而是要让时间验证。清者自清，浊者自浊，时间能看清人品。

对于不讲道理的人，不说，可减少伤害和争吵；面对思想不同的人，不说，可避免矛盾和冲突；面对不怀好意的人，不说，可保护自己，远离灾祸；面对斤斤计较的人，不说，可节省时间，减少麻烦。

做一个成熟稳重的人，不浮躁；做一个谨言慎行的人，不惹祸。不管是遭人议论还是被人诋毁，都不要忙着争辩，急着报复。只要行得正，就不怕骂声，只要站得稳，就不怕狂风。

人际关系的黄金定律

人与人的关系是交换关系

你对人好,人对你好,就这么简单。人常说,人心换人心,八两换半斤。这就是人际关系的黄金定律。

人际关系和什么都有关系

一个人的智慧体现在人际关系上,人际关系和什么都有关系,与自己的前途、命运、家庭、幸福、成功、失败等都有关系。人际关系处理得好坏,在一定程度上影响所有关系的好坏。

打扰换感情,麻烦换友谊

你喜欢管事,事就总找你;你待人热情,人就常烦你。但你要知道:打扰换感情,麻烦换友谊。

"不"字少开口,首先说理由

"不"字少开口,首先说理由。当别人提出要求时,做不到的也别张口就说不能,先说因为什么不能,只要理由充足,他不但理解,而且也会接受。

热情是情商高的重要表现

热情是情商高的重要表现。热情是打开人与人相处的第一把钥匙。第一印象好,从此相处就有了基础。第一印象不好,从此相处就会留下阴影。

怎样与人打交道

社会终究是人的社会,做事大多数情况下也是与人打交道,既包含感情的交融与纠葛，又充满着利益的博弈与权衡，这就要审时度势，因人因时因事而异，有时需要拼力争取，赢得主动；有时需要妥协退让，成人之美。

锐气藏于胸，和气溢于脸，才气见于事，义气感于人。

为人处世的窍门

很简单的事有人往往弄不懂

为人的诀窍在舍得,处事的窍门在大方。如果一个人不知道舍时间,舍情感,舍力气,舍金钱,去为人处世,那么,他就永远得不到别人的心,别人也永远成不了他的知心朋友。所谓"财散人聚、财聚人散"讲的就是这个道理。

爱占便宜的人,终究沾不了光

占小便宜,吃大亏。捡到一棵草,失去一片林。你看那朋友一起吃饭,一到结账就上厕所,或钱包半天也掏不出来的"聪明"人,基本上都没有什么特别成就。

舍"德"必然失"得"

舍得,舍得,最重要的是不能舍"德"。如果舍德,缺德,得到的东西也会通通失去。有德才会有得。只有舍得舍,方能得到德。小胜靠智,大胜靠德。

人生的"先"字哲学

一个有修养的人,最懂做人做事的简单顺序。先苦而后甜,先舍而后得,先让而后礼,先敬而后尊,先退而后进,先下而后上。事事如此,以先为上。如果颠倒了这个顺序,既做不好人,又做不好事。道理十分简单,内涵却十分深刻。

与人处事不要想得太复杂

吃饭要吃淡,做人要简单。做人要保持一颗简单的心。与人相处一就是一、二就是二,这么简单的数,就是诚信的符号,人品的符号。聪明过头的人,内心复杂,算计太多,一可以说成二,二可以说成三,最后聪明反被聪明误。

真正的目明是能透视心灵

人心有"眼",由"眼"看心

俗话说,人心隔肚皮,谁都看不见。眼睛是心灵的窗户。心眼心眼,心里有眼,眼是人心的眼,通过眼就会看到心,眼的表情和神色,就是心在说话。它说什么,仔细观察,盯住细看,你就会明白。

透过行动看内心

看一个人忠诚与否,不要只听其表态,还要静观其表情。表态不一定是真心话,但掩饰不住的表情却是内心的真情流露。

行动会说话,感觉也会说话,这种话是真正的心里话,但听不见,只能慢慢品。人常说,忠不忠看行动,看他的行动,你就知道他在说什么;凭你的直觉,你就知道他在想什么。

不经人情,看不透人心

真正的耳聪是能听到心声,真正的目明是能透视心灵。不经风雨,看不见彩虹;不经人情,看不透人心。

自己选择的朋友都是亲人

战胜不了的敌人就争取做朋友

不要轻易把有可能是伙伴的人变成对手。战胜不了的敌人,就争取做朋友。仁者无敌。

看透不说透,还是好朋友

宜明则明,宜暗则暗。窗户纸捅破容易,但捅破了可能会惹来许多麻烦。看清一个人又何必去揭穿,讨厌一个人又何必去翻脸。活着总有看不惯的,就如总有人看不惯你一样。

广交朋友路子宽

你的朋友,不一定是我的朋友;我的朋友,也不一定是你的朋友。但不能因为你的朋友不是我的朋友,我的朋友不是你的朋友,我们就不能交朋友。不懂这些哲理,你就少了许多朋友。

没有朋友的人,是孤独的人

平生知心者,屈指能几个。血缘关系的亲人无法选择,能否相处的朋友完全可以自己选择。能选择长期相处,并亲密无间的朋友不是亲人胜似亲人。

亲人分两种:一种是原生亲人,即有血缘关系的亲人;另一种是再生亲人,即夫妻及最好的朋友。

人生只求半称心

人生就是这样

人生就是这样：有些人，总是猜不透；有些事，总是想不到；有些道，总是悟不清；有些理，总是说不通；有些情，总是理不顺；有些坎，总是跨不过；有些伤，总是治不好；有些夜，总是睡不着；有些结，总是解不开。

人生苦短

人生好比一根甘蔗，削去根部，斩去梢头，才发现中间是最好的一段，但有时还可能会碰上"虫疤"和"烂点"。人生苦短，该工作的时候抓紧时间好好工作，该享受的时候抓紧时间好好享受，一分钟也不要耽搁和浪费。

不要总是"过不去"

别和小人过不去，因为他和谁都过不去；别和社会过不去，因为它会使你过不去；别和自己过不去，因为一切都会成过去；别和往事过不去，因为它已经过去；别和现实过不去，因为你还要过下去。

生活像一面镜子，你笑它笑，你哭它哭。主宰生活的是自己，磨砺自己的是生活。

得到的，把握住；失去的，由它去。

敢碰硬，不硬碰；走直路，拐活弯。

知足心情好，寡欲麻烦少

人要知足。往前看，稀稀拉拉；往后看，密密麻麻。比咱强的千千万，只是自己看不见；不如咱的万万千，抬头低头天天见。

知足心情好，寡欲麻烦少。酸甜苦辣尝过后，白开水最好，真水不香。

与其抱怨，不如改变

人生山一程，水一程，匆匆忙忙奔赴中，总会有太多的事与愿违。与其怨天尤人，不如静心养神，蓄力历练。无法改变环境时，就改变心境。笑对人生路上的风风雨雨，无论遇到什么困难，都以好的心态应对。

胸宽才能路宽

宽容需要忘却

忘记过去别人曾对你的种种不好。做到念人之功，容人之过，扬人之长，避人之短。这样，你就有了一种宽容大度的胸怀。

人心难得，好不容易得到，不要轻易失去。原谅人的过错，他的心就会贴近你。做人不要斤斤计较，得饶人处且饶人，不必因一件小事惹下一个可交之人。

宽容需要修养

做人要有宽容之心。同志之间相处，要和和睦睦、不埋怨、不指责、不忌妒、不报复，而要多关心、多包容、多理解、多尊重。

宽容需要肚量

人之所以快乐，不是因为他无忧愁而快乐，而是因为他肚量大而快乐。

原谅是容易的，再信任就难了。

在与人相处方面，沟通理解多了就简单，猜忌误解多了就复杂；善待尊重就简单，忌妒嫉恨就复杂。

宽容需要让步

乐于让步的人，是最可交的人。一个不懂得为亲人让步，为朋友让步，为合作伙伴让步的人，是心胸狭窄不可交的人，也是难以成功的人。

冷热如是观

求人热,答谢冷。人在求人办事之前,总想不管付出什么代价也要达到自己的目的。当你求的人拒绝了你的谢意时,你就会想,不行,事过之后一定要答谢人家。可目的真的实现了,这时可能你的想法就变了,变得小气,甚至变得没有诚信。

答应热,操办冷。人在求别人帮忙时,往往是被求的人答应得非常痛快,求的人也满怀希望,一直在等待事情的结果。但等来等去很可能会出现两种情况,一种是与原来承诺的大打折扣,一种是不了了之,没有结果。

看时热,过后冷。我们读了一些书,看了一些电视剧,尤其是外出参观学习,往往看时感动,心中激动,可多数人是事后没有行动。

有用热,没用冷。当你有权有势有用时,各色人等便会趋之若鹜,门庭若市;而当你没权没势没用时,立马便会"门前冷落鞍马稀"。

当面热,背后冷。有些人两副嘴脸,人前一面,人后一面。对着你时,热情洋溢,眉开眼笑,满面春风;背过你后,小动作不停,闲言碎语不断。

上述"五热五冷",都是社会常见现象,有阳就有阴,有热就有冷,冷热本属大自然现象,官场亦然。碰见这种情况,不管他是属于人性,还是属于人品,千万不要放在心上,别气、别怪、别理,必须看清、看透、看淡,要以平常心对待。这是官场的常态,更是为官应有的胸怀。

"五冷五热"是世间一桌菜,你品尝,我品尝,人人都会品尝。

放下伤痛需要时间

能否放下看三条

一是全身放松,二是从此对放不下的东西不再琢磨,三是从此再不为放不下的东西苦其心志。

拿起容易放下难

拿得起放得下的是筷子。饿了拿起,饱了放下。生活中的事没有拿筷子那么简单,拿起容易放下难。放下架子,需要谦卑;放下名利,需要看淡;放下恩怨,需要忘却;放下伤痛,需要时间。

想得太多,容易烦恼;在乎太多,容易困扰;奢求太多,容易累倒。

扔掉烂梨吃好梨

一个人买了一箱梨,每天都挑几个烂梨吃,吃到最后吃了整整一箱烂梨。有人写了一副对联:上联是"放着好梨吃烂梨";下联是"吃了烂梨吃好梨";横批是"总吃烂梨"。仔细琢磨,人生亦如吃梨,每天弄点糟心的事,一辈子都得糟心下去;把糟心的事放下扔掉,每天阳光一点,就会灿烂一生。

少生气，多争气

沉住气，不生气

沉住气。人在受挫之后，往往容易怨天尤人，发脾气，闹情绪，摔鼓棒，被挫折击倒。如果是这样，只能原地不动，甚至后退，否则便会输得一干二净。

不生气。有修养的人，有涵养的人，受挫而不怒，静下心来思过，总结经验教训，认真反思自己，找寻自己的不足，知耻而后勇。

争口气，成大器

争口气。相信自己有不足，但不相信自己是无能之辈；失利是暂时的，不怕别人一时看不起，就怕别人一世看不起，要鼓励自己，自强不息，加倍努力，不懈奋斗，哪里跌倒哪里爬起来，绝不能让别人嘲笑，不能让亲者痛、仇者快，要战胜自我，做大自我，做出个样子证明自我。

成大器。能做到沉住气，不生气，争口气，形成一个强大的内在气场，这样，一定能够终成大器。否则，吃亏的是自己，后悔都无用。

上司发脾气，下级不能发脾气

上司发脾气，下级不发脾气，上司就不会再发脾气。上司发脾气，下级也发脾气，上司必定会发更大的脾气。胳膊扭不过大腿，硬扭伤的是自己。

勺再大也大不过锅，锅再小也能放下勺。处理上下级关系，一定要知道自己是勺还是锅，弄不清这一点，往往会把事情搞糟。受不得责难，耐不得麻烦，就干不成事业；忍不得气受，受不得委屈，就成不了大事。

败在脾气，赢在和气，成在大气。

人生的稀缺资源

老天给人的机遇少得可怜

机遇是人生中一闪而过的宝贵财富,一生没有几次。老天给每个人的重大机遇,一般超不过三次。有的人没有预见重大机遇的眼力,有的人轻而易举地放弃了本来属于自己更大进步的机遇,由于粗心大意、满不在乎、重视不够,白白地让难得的机遇悄然溜跑。事过之后,顿感明白,但已后悔莫及。成大事者绝对不允许丧失机遇,他们对眼前的机遇十分敏感,当机遇来临时会毫不犹豫地冲上去,纵身扑向机遇,采取一切措施,拼命地紧紧抓住。

漫漫人生路,关键就几步

漫漫人生路,关键就几步。这几步大都在年轻时期。人生需要早规划,前程需要早策划。你能走多远,看谁来指点。

读万卷书,不如行万里路;行万里路,不如阅人无数;阅人无数,不如高人指路。

是花总要开

努力的都有自己的花期。三月开是桃花,四月开是杏花,九月开是菊花,腊月开是蜡梅花,到了自己的花期,任何风风雨雨都无法阻挡。只要是花,三月不开四月开,四月不开五月开。开得迟不一定不美。如果不开,说明你不是开花的树木。

成功需要"四人"帮

高人指点,明方向;贵人相助,抓机遇;小人监督,防陷阱;个人努力,圆梦想。

四个故事给人的启示

"跳舞"的启示

南极有一种企鹅,每当它们兴奋时,就会群聚转圈"跳舞"。研究发现,企鹅在转圈的时候,会给身体带来一定的负荷,而当企鹅转到12圈时,正是其身体负荷接近承受不了的程度。企鹅知道,转到12圈停下来,是为了以后还能继续"跳舞"。

启示:适可而止,量力而为。

"卖菜"的启示

"三八二十三,人人说我憨,我的卖完了,你的往回担。"说的是一个精明的小商贩在街上卖韭菜,一斤八分,二斤一毛六,三斤两毛三,就因为这一分的让利,他每天的生意很好。

启示:吃亏其实是在占便宜。

"对话"的启示

老师和家长说,你的孩子太笨,什么字也认不得。家长说,我的孩子不笨,他能认得我。认不得字,说明他见得少,见得多就认识了。

启示:天赋不如重复,重复是种功夫,功夫就是财富。

"药方"的启示

一个盲人老艺人临终时告诉徒弟:"你用心在人间说唱,总有一天会见到光明。请记住,当你弹断一千根弦的时候,千万不要忘记我给你的药方,那是见到光明的良方。"小徒弟弹呀弹，年过七旬，终于盼到一千根弦弹断。他兴冲冲地跑到药店，但万万没有想到，药方竟是一张白纸。顿时他明白了，师傅留下的是一副活下去的"信念药"。他失望了，但他想到了跟他多年的小徒弟，他坚强地回到住地，又把保存了六十年的药方交给了他的小徒弟。他告诉小徒弟："是我记错了数字，是弹断一千二百根弦，我把药方拿得太早了，要记住，早一天晚一天吃药都不起作用，一定要弹断一千二百根弦再去买药。"小徒弟记住了，他相信师傅，从此，天天愉快地走向人间说唱，在等待见到光明的那一天。

　　启示：人要永远有梦，梦想一旦破灭，人就失去了奋斗的动力。

健康与豁达的人相伴

生活"三件事"

生活三件事:吃饭、睡觉、锻炼。锻炼是自己健康的储蓄,日积月累,零存整取,终身受益。

健康是走出来的,疾病是吃出来的,烦恼是想出来的,事端是惹出来的。

健康记住六句话

一把青菜一把豆,五谷杂粮添点肉;

心有烦事别搁住,忙里偷闲多散步。

身累了睡觉,心累了傻笑。

没心、没肺,能吃、能睡。

感觉快乐就忙东忙西,感觉累了就放松自己。

请好好对待自己的身体,因为零件不好配,即便能配,价格也很昂贵。

年轻健康关键在心态

年轻的心态是有梦想,有追求,有行动,总期待有美好的明天和美好的未来。当什么理想也没有,顺其自然等老的时候,那你真的是老了。人是否年轻,不在年龄,不在容颜,而在心态。曾轰动全球的短文《年轻》一文中这样写道:在你我心灵的深处,同样有一个无线电台,只要它不停地从人群中,从无限的时间中接受美好、希望、欢欣、勇气和力量的信息,你我就永远年轻。一旦这无线电台坍塌,你的心便会被玩世不恭和悲观失望的寒冷酷雪所覆盖,你便衰老了——即使你只有 20 岁，岁月可以在皮肤上留下皱纹，却无法为灵魂刻上一丝痕迹。忧虑、恐惧、缺乏自信才使人佝偻于时间尘埃之中。

积极的心态是谋事成功的法宝，古人云，"心者，形之君也，而神明之主也"。积极的心态像太阳，照到哪里哪里亮，消极的心态像月亮，初一十五不一样。我们应该时刻保持一种积极的心态，端正认识事物的态度。

外二篇
感悟做事

成功要旨

干什么事都要专注

成功要旨,无非两点:目标始终如一,长期坚持不懈。持之以恒,久久为功。

香格里拉前董事长、国贸业主郭鹤年,曾获中国终身成就奖。他的成功经验有三条:一是干什么事都要专注,不能干西想东;二是必须有耐力,不论遇到什么困难,都要坚持;三是失败是成功之母,成功也是失败之母,成功之后要谨防失败。

培养逆水而行的性格

天下难做的事,一般没人敢碰,只要你有能力、有胆识敢碰,就容易成功,因为竞争对手少。容易做的事,人人都做,即便做成价值也不大。我们要培养逆水而行的性格,因为顺水而行的人太多。

有的时候成功就是"惊险一跳"。成功三分险。由于有些人惧怕风险,所以放弃了不少成功机会。

人不能太精,要有一点傻和疯的特质

爱国将领冯玉祥说过:"世上成大事者都是傻子。"因为这些人一旦认准了目标,只管朝前走,所以才会取得成功。相反,有些所谓聪明之人,因为脑子转得太快,左顾右盼,思前想后,结果还是成不了事。

要成功先发疯,头脑简单向前冲。当有人说你是疯子的时候,你离成功就不远了。

想成功的人,如果你有傻子的乐观和疯子的执着,那你成功的概率就会很大。

成功说起来复杂,其实如果将所有的干扰项都去除,模型很简单,那就是,先上路,然后走下去,最后到达终点。而拥有傻子和疯子的特质,最容易实现这一过程。

认真、敬业、执着

一个人成就事业必须具备三条:认真,干每件事都不敷衍;敬业,干什么事都当回事;执着,认准的事做不成不罢休。

干大事业的人,要具备见识、才干和耐力。没有见识就不能对事对物有预判,没有才干就没有成就大业的能力,没有耐力则容易半途而废。

成功路上不拥挤

为什么成功路上不拥挤?是因为成功路上会遇到以下一些状况:消极懒惰,掉队一批;贪污受贿,查处一批;违纪违规,处分一批;挫折失败,自毁一批;信念动摇,迷失一批;遭受打击,消沉一批;狂妄自大,荒废一批;不能吃苦,淘汰一批。

一勤天下成万事

对自己狠一点

刀在石上磨,人在苦中练。对自己狠一点,逼自己努力工作,勤奋干活,逼得自己整天食不甘,睡不稳。再过若干年,假如自己稍有一点成就,你将感谢今天发狠用功的自己。

成功和安逸是不可兼得的,选择了其一,就必须放弃另一个。

放实你的脚步

放下你的浮躁,放下你的懒惰,放下你的三分钟热度,放下你禁不住诱惑的双手;最重要的是放实你的脚步,踏踏实实地去行走。好好努力,有时候真的努力后,你会发现自己比想象中更优秀。

迎来明天的最好方法

只有做好今天,才能赢得明天。迎来明天的最好方法是,集中你所有的智慧、所有的热忱、所有的精力、所有的辛苦,把今天的事情做得尽善尽美。

屡出新招,是制胜绝招。昨天这么干,今天这么干,明天还这么干,天天走旧路,一定没进步。要胖、要瘦都必须打破进食常规。超常规,是进步的秘诀。按部就班,不是退步就是原地踏步。

懒汉眼中尽困难

眼中没困难,是勤奋,是敬业,是能力,是胆略,就是有困难也能战胜;眼中尽困难,是懒汉,是消沉,是无能,是懦弱,就是没困难事情也办不成。

人与人的差别，主要差在八小时以外

有志者的成功，并不是一蹴而就的。当别人沉浸在甜美梦乡时，他却在深夜孤灯下苦苦耕耘。人与人的差别，主要差在八小时以外。勤奋是智慧的双胞胎，懒惰是愚蠢的亲兄弟。

想干的事不要说没时间

一天二十四小时，工作八小时，睡觉八小时，吃饭三小时，还剩五小时。想干的事，不要说没时间。

你哄地皮，地皮哄你的肚皮

想成才，学习要勤奋；想成事，工作要勤奋；想丰收，劳动要勤奋。庄稼人说得对，你哄地皮，地皮哄你的肚皮。勤能补拙是良训，一分辛苦一分才。

苍天眷顾勤奋之人

没钱的时候，把勤舍出去，钱就来了；想进步的时候，把勤舍出去，进步就来了。这就叫天道酬勤。

掌控命运的，只有你自己。昨天的付出，才有了你今天的收获；昨天的懒惰，才导致你今天的苦果。

《长歌行》讲"少壮不努力，老大徒伤悲"。雍正是中国历史上最勤奋的君王之一，每天睡眠不超过4小时，他批阅奏折近1000万字，相当于三本多《资治通鉴》。青年领导干部，一定要勤奋苦干，相信天道酬勤。在工作中，要坚持在自己的能力极限上做事，抓紧每一天，干好每件事。

你若浮躁，一生无聊

不简单就这么简单

什么叫不容易？容易的事坚持做下去并把它做好，就叫不容易。什么叫不简单？简单的事坚持做下去并把它做好，就叫不简单。什么叫不平凡？平凡的事坚持做下去并把它做好，就叫不平凡。

脚比路长

从脚下走到天下。没有比脚更长的路，没有比人更高的山。人最可贵的精神是不管遇到什么阻力都不停脚地往前走。脚比路长，再长的路只要坚持走下去，就有希望到达目的地。

认定追求不放弃

当付出很多，一时得不到回报时，千万不能中途放弃。就像挖井失败，费劲挖了三丈，差一尺就见水了，却因判断失误而放弃。成功往往是在艰难中的再努力、再咬牙、再坚持，否则，可能功亏一篑。

要干成一项事业，就必须把自己的智力、心力、精力都长久地专注于一点，这样体内就有了足够的能动力和创造力。

事情不干则已，要干就要干出成效。做到：看不准，不动手；看准了，不松手；干不成，不放手。

剩者为胜

大浪淘沙，沙里澄金。优胜劣汰，剩者为胜。人生是一场马拉松赛，经过艰难的跋涉和激烈的拼争，奋力坚持，最后剩下的就是胜者。时间是筛子，最终淘去一切沉渣。

这世界上，有多少天分败给了努力，又有多少才华输给了坚持。

人生这条路，你想怎么走？带上目标，带上勇气，带上坚持，更重要的是带上"脚踏实地，努力拼搏"的信心。

你说你行你就行

信心满满,志在必得

你说你行你就行,不行也行。如果心里先认定自己不行,那成功的概率为零。成功的欲望是成就事业的动力和源泉。心有多大,平台就有多大。

自信是成功的基石。不要迷信他人身上笼罩的光环,靠近任何人都能发现他的弱点。你不比别人差,只要自信,自强不息,矢志奋斗,你就会走在他人前面。

潜能是掩藏的金矿,如得不到有效开发,跟普通的石头没什么区别。每个人都有潜能,只要挖掘就有希望。心想才可能事成,心不想事肯定不成。

只有想不到,没有做不到

既要学习别人的东西博采众长,更要重视自己的东西不断创新。创造奇迹的人往往不知道自己在创新,正像为别人做好事的人往往不知道也在为自己做好事一样。

想象力是创造力的源泉,是人的宝贵财富。只要想得到,就有可能做得到。世界上最大的遗憾莫过于能够做到而没有想到。

发展自己的强项方能超越他人

没有自己的强项,就没有自己的特色。世界上没有两片完全相同的树叶,每个人都是独一无二的。你就是你,无须按照他人的标准评判或约束自己,也无须效仿他人。保持本色,发展强项,形成优势,超越他人。

自信的人从来不小看自己

自信的人，心中常有三种暗示：我行、我一定行、我不比别人差。成功的人，这三种暗示给了他信心，给了他力量，给了他胆量，给了他克服困难的勇气，并给了他取得成功的智慧。

你只要给我太阳我就能照亮人间，你只要给我月亮我就能照亮黑暗，你只要给我支点我就能撬动地球。

人必须有那么一股劲

人应该有傲骨

人不可有傲气,但不可无傲骨。有傲骨,才有可能做出令人骄傲的成绩。

要活就不怕难

人在得意时要头脑清醒,戒骄戒躁,严格自律,谨慎从事;人在失意时要挺起腰杆,抖起精神,不屈不挠,愈挫愈勇。要活就不怕难,相信没有过不去的火焰山。

怕输就不会赢

人要输得起,怕输就不会赢。世上没有不输的人。输了要沉住气,总结经验教训,想尽办法再赢回来。哪里跌倒哪里爬起来,不能让别人嘲笑自己。沉住气,才能成大器。

认定的事不回头

认准的事,不管用什么困难,有什么非议,再难也要咬紧牙关,坚定不移地干下去。要想做成一件事,就必须有一种锲而不舍的性格。这种性格是成功的个性,没有这种个性,你将一事无成。

生活就像"呼吸"

生活就像"呼吸","呼"是为了出一口气,"吸"是为了争一口气。出一口气心情舒畅,争一口气淋漓酣畅。

通向成功的路都有弯路

有曲有弯才是路

河流在前进的过程中,会遇到各种障碍。有些障碍无法逾越,所以,只能绕道而行,通过迂回,避让障碍,从而抵达遥远的大海。其实,人生也是如此,当人们遇到坎坷挫折,不得不走弯路时,要把走弯路看成前进的另一条途径,这样才能像河流一样,迂回曲折,永不停息,奔腾向前。

好事是困难和挫折磨出来的

好事多磨,就是在办事的过程中,必须与困难磨,与挫折磨,磨掉绊脚石,磨掉拦路虎,好事才能办成。大事大磨,小事小磨,不是你想磨不想磨,好事多磨是客观规律。

冬天过去就是春

要注重升华心志。升华就是在逆境和挫折面前不消沉,不气馁,憋足一股劲,更加顽强,更加坚毅,更加执着,争口气,干出样子让人看。

有人遇到挫折后就垂头丧气,一蹶不振。事实上,只要经得起挫折,咬紧牙关挺过去,就会迎来新的变化,要知道,冬天过去就是春。

越是自己的教训,越能教育自己

越是亲身经历,越是痛彻心扉,越能教育自己,越能为自己提供真正的经验。每一次创伤都是一种成熟,多一种经历都是一笔财富,走一段弯路就是一种识途。

在人生的路上,有一条路每个人非走不可,那就是年轻时候的弯路。不摔跟头、不碰头就练不出钢筋铁骨。

吃苦是福

想要成功苦铺路

成功者的人生之路是一条由得失、毁誉、苦乐铺成的曲折路。任何人成功都得踏着这条路前行。

苦,就是扑倒身、撸起袖、弯下腰、拼命干,干得浑身上下有土、有泥、有汗、有泪,甚至还有血。

人前显贵,必然人后受罪

人生必须经历一个艰苦奋斗和曲折艰难的过程,没有人可以随随便便成功。幸福是艰苦奋斗得来的,成功是曲折艰难换来的。"艰苦奋斗"是进入成功殿堂的门槛,"曲折艰难"是进入成功殿堂的门票。

成功光环背后,肯定是艰辛和痛苦。要在人前显贵,须在人后受罪。

生活就像一桌菜,酸甜苦辣咸都存在。吃饭不能光吃甜,要想好吃五味全。

人生如爬坡

人生如爬坡,出力流汗不能退却;人生如踢球,进球再少也不气馁;人生如赛跑,就像马家军跑一万米那样,在 400 米跑道上跑 25 圈,憋足劲一圈一圈地跑,每圈都不能松劲,不能偷懒。吃大苦,流大汗,使拼劲,夺第一。

选择比天赋重要

人生选择大于努力

人骑上自行车,两脚使劲蹬一小时只能跑 10 千米左右;人开上汽车,一脚轻踏油门一小时能够跑 100 千米左右;人坐上动车,闭上眼睛一小时也能跑 300 千米;人登上飞机,吃着美味一小时居然跑 1000 千米!人还是那个人,平台不一样,载体不一样,效果就不一样,所以选择比努力更重要。

无论你出身高贵豪门,还是布衣草根,你只有努力奋斗,把自己放对了地方,你才会有正念、正语、正行、正果,才会有大作为。

正确选择是成功的一半

人的一生"选择"很重要。重大选择一个人一生中没有几次。选择一条正确的路,有可能造就成功的一生;而选择一条错误的路,则有可能延缓成功甚至毁掉一生。人生面对的重要选择有三次:上学、就业、婚姻。

选择容易彷徨,在前进路上每个人都会碰到选择的十字路口。千万记住,遇到十字路口要停一停,看一看,想一想,问一问,一定不要走错路。方向不对,越走离目标越远。

重要选择都在年轻时期

俗话说,女怕嫁错郎,男怕选错行。年轻时期一定要选择好自己热爱的职业和努力的方向。方向不对,再努力也到不了自己想去的地方。

好汉来自一线

本事来自实践

社会是一所大学,生活是一本教材,人民群众是最好的老师。在实践中解决一个又一个具体问题,就好比在学校解析一道又一道难题。在每个阶段取得的一项又一项成功,就好比每门功课考试取得的优秀成绩。

实践出真知。基层工作最能锻炼人。一个领导要有所成就,必须先到基层锻炼成长。韩非子说过:"宰相必起于州部,猛将必发于卒伍。"

办法来自实战

好汉来自一线,智慧来自民间,成功来自苦干,办法来自实战,经历换来经验。只有经历丰富,才能经验丰富,多岗位锻炼没有坏处。

疑难问题的答案都在实践中,缺乏实践的人,遇到问题总是束手无策。

俗话说,读万卷书,不如行万里路。其实,行路也是一种阅读,一个读的是有字书,一个读的是无字书。读书,是在字里行间行走,古今中外在脑海里翻腾;行路,是在阅读天地万物,一草一木都被我们辨识。

能力来自历练

一个人能干还是不能干,只有把担子压到肩上才能看出来,是骡子是马拉出来遛遛。有些人没有负重的时候,侃侃而谈,似乎无所不能;真把担子挑起来的时候,却摇摇晃晃,跌跌撞撞,重担难扛。

万丈高楼靠的是基础

基础只有一层一层夯才结实

地基实在,楼房不坏;做人实在,好人常在;做官实在,进步就快。

农村土法建房需要打夯建地基。放线、挖沟之后,把配好的灰土一层一层撒下去,每撒一层,都要夯实。撒一层,夯一层,再撒再夯。把基础夯得结结实实,才能盖房子。工作也一样,做一件,成一件,再做一件,再成一件,一件一件做实、做好、做成,事业才能成功。做官做人,必须注重基础。

基础不牢,地动山摇

做领导工作要从基层做起,基础必须打牢,就像撒土打夯。夯,需要时间,需要过程,需要耐心,不能投机取巧、偷工减料;夯,需要出力、流汗、吃苦,不能偷懒耍滑。否则,基础不牢,地动山摇。

凡是有理想抱负的人都会主动要求到基层去锻炼成长。有些人看不起基层工作,不愿意到基层锻炼成长,殊不知,基层的艰辛磨砺就是你将来成就大事的重要基础,没有坚实基础就没有将来的人生辉煌。

弄懂这个道理,就弄懂了成长规律

"万丈高楼平地起"靠的是基础,"千里之行,始于足下"说的也是基础。如果能悟清这个道理,你在基层工作就踏实了、沉稳了、淡定了。有长期的基层实践,就能掌握"十八般武艺",不管走多远,路上遇到的难题都可以解决。

急事一定要慢下手

缓，也是一种工作方法

沉默，是一种态度；缓，也是一种方法。处理棘手的事不能性急，"热"的时候，要冷一冷再处理，能放的暂时放一放，缓一缓就可能有了解决问题的好办法。

缓，可以三思；退，可以远祸；静，可以致远。

冷静处理突发性事件

处理群体性突发事件最棘手。矛盾到了群情激愤的程度，人们容易失去理智。要记住，众怒不可犯。在此情况下，不能采取任何强制措施，千万不能以权压势，激化矛盾，而应避其锋芒，顺势安民。除特殊情况不得不紧急处理外，不妨暂时放一放，冷一冷，待吃透情况后，再下猛药，平息事端。

处理问题应当深思熟虑慢下手。深思熟虑，可以了解掌握真实情况，认真权衡各种方案的利弊得失；慢下手，就可能把问题处理得更加稳妥。

处理难事好比整理乱线缠丝，宜耐下心来慢慢解析，寻找并理顺线头，如果着急乱扯，就会乱成一团，打成死结。

慎重处理信访事件

重要疑难信访案件，主要领导一定要亲自出面，要正视矛盾，敢于碰硬，不能躲，不能推。

接待信访群众，有条基本的原则，就是领导首先要站在信访群众一边，表示对他们的理解和同情，态度要积极热情，并亮出解决问题的诚恳态度，逐步与其拉近距离。有了基本理解和信任后，才便于相互沟通，对方才能认真听取你的裁判。不然，会产生心理对抗，一旦对立，就是裁判有理，对方也听不进去。

小事不为也是工作方法

有所不为，才有所为

如果你想有所作为，就必须有所不为。路多岔，树多枝，只有选择有所放弃，才能腾出时间去抓主要矛盾、解决主要问题。

有水平的领导眼里不盯小事，手里不抓琐事

人的精力和工作时间是有限的。主要领导最好的管理是对小事少管，对琐事不理。腾空大脑、腾出双手，超脱事务，专想大事，专管大事、要事，而且对大事、要事要盯住不放，一抓到底。

大事扭住不放，小事该忘就忘

主要领导应记住两句话：大事扭住不放，小事该忘就忘。水平高的领导，抓大事，忙正事；水平低的领导，抓小事，忙琐事。

要求下级可以事必躬亲、事不过夜、事无巨细，而主要领导却不能事事过问、事事都抓，否则就干不成大事。

恰到好处是最高的思想境界

凡事有度

凡事有度,不及难成,过则夭折;当如饮酒,微醉即可,多则伤身;当如看花,半开最美,全盛近凋;交友不可太甘,淡而至远,浓则难久;做事莫要急,心盛则不宁,欲速则不达;过去的事,可追忆,勿陷入;现在的事,努力做,勿固执。

进退自控

该说话时,说话是一种水平;不该说话时,不说话是一种城府。该干事时,出手是一种能力;不该干事时,回避是一种成熟。该靠前时,靠前是一种魄力;不该靠前时,退后是一种战术。

把好分寸

团结讲原则,不讲原则易庸俗;斗争讲策略,不讲策略易偏激;表扬讲平衡,不讲平衡生矛盾;批评讲分寸,不讲分寸伤感情。

悟性是人的最大智慧

什么是智慧

以退为进是智慧,以屈为伸是智慧,以舍为得是智慧。

留心他人不足

有智慧的人,常常用心总结成功者的经验和吸取失败者的教训。只有这样,才能不断提高自己。

仔细留心别人,等于认真关注自己。留心他人不足和总结他人教训,目的在于提醒自己少犯错误。

进山想到出山路

前进的时候应该想到后退,这样方可避免撞墙伤身;动手做事时先考虑一下放手,这样才可避免陷入骑虎难下的窘境。

前进的路易行,后退的路难找。前进时想到后退是人的一种智慧。

不拿鸡蛋往石头上碰

作为一个有智慧、有韬略的人,要懂得顺从的人生哲理。在大势所趋,靠一个人或者几个人根本无法改变现状的情况下,聪明人应该权衡利弊,审时度势,做出牺牲,要善于忍耐、服从、克制,绝不逞能当好汉,撞南墙,拿鸡蛋往石头上碰。

难以说清的诽谤不去辩白

难以消化的食物不要多吃,难以酬谢的情感不宜接受,难以长处的朋友不可深交，难以说清的诽谤不必辩白。

悟性是生命中最鲜活的东西

民间俗语说得好：一等人一看就会，二等人一教就会，三等人教死也不会。一看就会的人就是悟性高。悟性，是智慧。有知识不等于有智慧。悟性，是生命中最鲜活的东西。

没有悟性，有知识也不行

一个人可以没有学历，没有背景，但一定要有悟性。有悟性的人，能洞察事物的本质，能触摸到人性的深处。真正的智慧、有价值的东西，不是从书本上学出来的，也不是老师教出来的，而是靠自己在实践中悟出来的。

要做事就必须惹人

干净才敢惹人

无私才能果断。优柔寡断砍不下去,多数是与自己的利益有关。

干净才敢惹人。躲躲闪闪,不敢惹人,多数是自己不够过硬。

不谋人、不害人,因为我要做人;敢惹人、敢碰硬,因为我要做事。

赞成敢说敢道的"厉害主义"

下级有错,上司一定要指出来。装好人不说,一害事业,二害同志,三害自己。我们反对不讲原则的"好人主义",赞成敢于负责的"厉害主义"。

什么叫厉害?厉害就是批评人不讲情面,敢于直指问题的要害;厉害就是别人怕惹人不愿说的真话,不敢碰的硬茬,他敢于直说,敢于碰硬;厉害就是敢做敢担当,有错不推责。

敢于斗争是领导干部应有的风骨

从某种程度上来讲,官位就是"战位",战场就是工作现场,我们的领导只要做工作,就难免与不正之风、与错误思想、与错误行为斗,甚至还与坏人斗。不斗工作就不会顺利开展;不斗单位的正气就不会上升。

群众最恨"三拍"干部

人们尊重实干家

整天谋官的,干事必然不专心,是典型的政治投机者;整天谋事的,跑官肯定不在意,是真正的事业实干家。实干家肯定会受到人们的尊重,但却未必能得到上级的重视。

人的精力是有限的。工作能做到位的,一般精力多忙于下层;工作做不到位的,一般精力多忙于上层。

不为就是错

结果第一,理由第二。不为就是错,无功就是过。

"三拍"干部

我们要特别注意那种只说不干的"三拍"干部:一拍脑门,主观臆断,轻率决策;二拍胸脯,夸下海口,随意承诺;三拍屁股,无所作为,溜之大吉。

厚脸皮领导

老百姓喜欢撸起袖子,两脚踩泥,办实事的实干家,最反感那些花嘴和捞油水的投机干部,更反感那些混吃、混喝、混脸熟的厚脸皮领导。

工作作风体现在实干上

工作力度体现在奖惩上,工作魄力体现在手腕上,工作创新体现在胆识上,工作成败体现在细节上,工作作风体现在实干上,工作能力体现在业绩上。

百姓摇头的事,需要有魄力的人去干。

| 外二篇　感悟做事 |

喊破嗓子，不如甩开膀子

落实贵在决心

说一句，是一句，句句算数。定一条，算一条，条条兑现。干一件，成一件，件件落实。

千忙万忙，不抓落实就是瞎忙；千招万招，不能落实就是虚招；千条万条，不去落实就是白条。

再硬的木头，钉子也能钉进去，主要看你的锤子硬不硬；再难的工作，也能做下去，主要看你的力度大不大。

光说不干，等于混饭

发一沓文件，不如办一件实事。说一堆套话，不如解决一个具体问题。

一次实实在在的行动胜过千万个宣言，成大事者每天都靠行动来落实自己的人生规划。

身教重于言教

自己做得不如人，岂能板脸教训人？喊破嗓子，不如做出样子。火车跑得快，全凭车头带。说一千道一万，真抓实干是关键。

说到做到很难

世界上有三段距离相隔最远：一是说与做的距离；二是想象与实际的距离；三是梦想与成功的距离。

不得不注意的几件事

八条应该注意的事

请注意：不要随便显露你的情绪；不要逢人就诉说你的困难和遭遇；不要随便在背后谈论别人；在征求别人的意见时，自己不要先讲；重要的决定要事先与人商量，最好隔一天再公布；不要事事反悔，轻易推翻自己的决定；在众人争执不休时，不要没有主见；在别人向自己提要求时，不要轻易表态。

不与人争

有些事，不争是争；争，不如不争。争反而失去了，不争反而得到了。事情往往就是这样，求之不得，不求自得。

工作是赛场，但无须事事争上。跟下级争，你赢了，团队散了；跟上级争，你赢了，信任没了；跟同级争，你赢了，路子窄了；跟朋友争，你赢了，知音少了。不管跟谁争，结果都是输，只有自己与自己争，不服输，争一流，努力奋斗，把自己做强做大，才是真正的赢家。

借权不能报仇

有的人掌权后，总想往日的恩恩怨怨。实际上，掌权后应做到借权报恩，借权消怨。如果你借权报仇，借权积怨，实际上是在借权为自己堵路。

/ 外二篇 感悟做事 /

败而不死的黄金法则

有错不认错本身就是错

蛇不知道自己有毒,老鼠不知道自己吃的东西都是偷来的,人犯错后有时也不知道自己有错,即便被人指出来也不承认,而且还要狡辩,这也是人性弱点。

有错不认错,本身就是一种错。认错是一个人有修养的表现,勇于认错是让你失败多次而不死的黄金法则。

有错不遮丑是一种坦荡

在政界,不论官大小,不论错大小,勇于认错是一种高尚品德。小人无错,君子常过。同样是遇到差错,小人喜欢推卸责任,总说别人错了。君子则首先反观自身,寻找不足,主动认错,要知道这种态度不仅不受人藐视,反而受人尊重。人非圣贤,孰能无过,不遮丑、不回避是一种坦荡。

人最难的是认识自己

错误是不可避免的,但是不要重复错误。聪明人犯错一般只犯一次,糊涂人常常反复犯错。区别在于聪明人经常自我反省,一天下来,躺在床上都要想想自己哪些话说得不对,哪件事做得不妥;不对的、不妥的一定要注意,绝不重犯类似错误。人最难的是认识自己,俗话说,人活一辈,看不见自己的脊背。反省是一面镜子,它能将自己的错误照得清清楚楚,所以看到错误时一定要改,自觉改正错误是一种智慧。

批评是成长中必尝的滋味

看得起你才批评你

批评是一种爱护,是一种关心,是一种情谊,是一种责任。人常说,看得起你才批评你。听不到批评意见,并不是一件好事。一般来说,批评对象是事而不是人。如果因批评得罪了人,不是批评错位就是批评过分,不是场合不对就是方法失当。

一对一的批评效果最好

人活一张脸,树活一层皮,上上下下就数面子最重要。如果由于差错而必须批评的话,请你最好单独找他面谈。绝大多数人都忌讳在自己同事面前受到上司的训斥或不公正的指责,因为这样的训斥和指责使自己失掉面子。这样的批评效果较差。

我愿请园丁修剪

人就像一棵树,长着很多枝蔓,有的有用,有的没用。我愿请有经验的园丁为我修剪,哪怕都剪掉,只留一根主干,我也知道该怎么发展。

有错误自己不说,别人也会说

一个领导难免犯错误。有错误自己不说,别人也会说;当面不说,背后也会说;今天不说,明天也会说。与其别人说,不如自己说;与其让人背后说,不如让人当面说;与其明天不得不说,不如趁早今天说。坚持真理,修正错误,敢于开展批评和自我批评,是领导者高尚情操的体现。

团结意味着放弃和付出

世上没有天生合适的伙伴

人走到一起合作共事实属不易，有的强势，有的随和，有的严厉，有的温顺。其实就像土豆和西红柿，本来就不是一个世界的，最后却走到了一起。因为，土豆变成了薯条，西红柿变成了番茄酱，从此它们成了绝配。世上没有天生合适做搭档的，我们需要的是彼此包容、理解，并改变不适合的彼此。走到一起共事就是一种缘分，我们应感恩所有生命中出现的同事。

团结，必须有一方吃亏

团结意味着放弃和付出。比如，两个球体要粘在一起，就必须各自削去一块，由点的接触形成面的接触，否则两个球体就难以粘在一起。

党政一把手搭伴工作，就像夫妇携手过马路，要互相搀扶。你看前，我看后，你看左，我看右，平平安安走过去，这才叫缘分，这才叫战友。相互拆台，往往是双双倒台。

党政主要领导之间，及时沟通是双方团结合作的重要桥梁。多一次电话，少一次摩擦。多一次沟通，少一次误会。

摩擦，友谊才会加深

摩擦产生感情。在日常生活中，我们与一个毫不相干的人不会产生任何摩擦，当然也不会产生任何感情。凡是感情深厚的关系双方，几乎都是产生摩擦比较多的双方，如夫妻、父子、战友。

团结是一种品质

《易经》讲,"二人同心,其利断金"。《孟子》言,"天时不如地利,地利不如人和"。一个单位如果不团结,再好也是地狱;如果团结,再差也是天堂。一名党员干部,要把团结作为一种素质来锻炼,作为一种品质来培养,作为一种能力来强化,作为一种境界来追求。

再难也要实事求是

领导干部有两种关系不好处理

领导干部有两种关系最不好处理。一是宏观政策与具体执行的关系;二是对上负责与对下负责的关系。执行政策首先要实事求是,对上负责首先要对下负责。坚持后者在某些时候可能要承担一定的责任和冒一定的风险。

对策是政策无法执行的办法

为什么上有政策下有对策?有些时候是上下利益发生冲突,更多的是有些政策不符合实际,下级无法执行,所以就只好变通,变通就出现了对策。政策和对策往往在摩擦中运行,在摩擦中完善。所以在执行政策中,一定要根据实际情况灵活变通,千万不能死搬硬套,死搬硬套是典型的教条主义。

事物是多变的,但政策往往滞后。要结合实际,做到实事求是,就难免闯政策的红灯,就难免遇到麻烦。

"实事求是"说起来容易做起来难

当领导什么最难?最难的是实事求是。实事求是,符合变化着的情况,符合最现实的要求,符合最广泛的意见。但实事求是未必符合某些滞后的政策,未必符合某些领导不切实际的意图。所以,实事求是说起来容易,做起来难,但再难也要坚持。

外三篇
感悟从政

工作"三段论"

工作"三步曲"

不论哪一层次的领导,不管从事哪一种工作,"发现问题、研究问题、解决问题"是我们工作的基本套路。发现得快一点,研究得快一点,解决得快一点,是我们工作提高效率出成绩的基本经验。

工作"三点法"

抓住重点、关注焦点、突出亮点,是我们工作的基本方法。以问题为导向,以研究对策为突破口,以解决问题为落脚点。

抓重点特别是要注意关键问题、薄弱环节。坚持问题导向,强化短板意识,什么问题突出就解决什么问题,哪块有短板就强化哪块短板。苏辙讲"主大计者,必执简以御繁"。郑玄讲"举一纲而万目张,解一篇而万篇明"。工作抓不住重点就会事倍功半,甚至无功而返。

工作"三步走"

一是调查研究,敏锐地发现影响全局发展的主要问题,且死死咬住不放;二是广泛听取意见,千方百计地寻找解决问题的有效途径,制定解决问题的得力措施;三是组织一切力量,付诸实施,领导亲自出马狠抓落实,攻克一个一个难题,最后实现锁定的目标。

工作"三步抓"

典型引路和示范带动,历来是我们重要的工作方法。实践证明,抓什么样的典型，就能体现什么样的导向，就会收到什么样的效果。抓典型很重要，既是一种工作方法，也是一门工作艺术。怎么抓？一要善于发现典型；二要注意培养典型；三要正确推介拓展典型。

"三三"奖惩法

争脸是人生的第一要义

激励的本质在于对"人性"精神层面、物质层面、价值实现层面需求的满足。林语堂说:"人的脸,不但可以洗,还可以丢,可以赏,可以争,可以留,有时候好像争脸是人生的第一要义。"

"三给"奖励法

一是"给面子",即表扬嘉奖;二是"给票子",即晋级加薪;三是"给位子",即提拔重用。

"三丢"惩处法

一是"丢面子",即批评教育;二是"丢票子",即降级减薪;三是"丢位子",即撤职处分。

当主帅要叫起劲来

唱戏要叫起板来,赶车要叫起套来,打夯要叫起号来,当主帅要叫起劲来。叫不起劲的主帅,一是方法问题,二是能力问题。

精气神是怎么产生的

精气神,是政策"调"出来的,是摽劲"摽"出来的,是激将"激"出来的,是形势"压"出来的,是无奈"逼"出来的。

调查研究是领导的第一要务

调查研究是领导最基本的工作方法

古代地方官叫知县、知州、知府,其意是提醒官员,为官必须知一县、一州、一府之情,否则就治理不好一方。要知情,就必须调查研究。所以,调查研究是领导工作的第一要务。不懂调查研究的重要性,就不懂工作。

中医的望闻问切是调查研究,军事家的战前侦察是调查研究,科学家的实验论证是调查研究。离开调查研究,中医治不了疾病,军事家打不了胜仗,科学家出不了成果。同样,调查研究也是领导工作的必经程序,不经过此程序,就做不好领导工作。

什么是调查,什么是研究

调查,是一个人或几个人深入基层,广泛地查,深入地问。一群人走下去蜻蜓点水,不是调查,那是走过场作秀。

研究,是一群人畅所欲言讨论一件事,见仁见智,择善而从。如果一个人说了算,定了干,那是家长作风、独断专行。

主要领导拿出主要精力干两件事

作为主要领导,必须拿出主要精力干两件事:一是调查研究做决策,二是现场办公抓落实。不调查不研究,情况就吃不透,决策就不果断。靠遥控指挥,不深入一线亲自干,就解决不了实际问题。所以说,主要领导,最难的是决策,最苦的是实干。

你想怎么干，基层有答案

当你没有新思路、新举措的时候，请你带着问题下基层去看一看，听一听，下一步棋怎么走，你就有谱了。

领导者不妨挤点时间，不要讲究身份、面子，不要通知下级，不要记者随行，有选择地到一些地方深入走访。这样就能真实地体察民情，了解实情，掌握可贵的第一手材料。

深度思考才能看到问题本质

深度思考就是不断逼近问题本质的思考

看到一件事只看到其表象,发现一个问题只想到这个问题本身,而没有找到事件和问题背后隐藏的本质以及与此关联的内容。这样显然是没有做深度思考。深度思考能帮助我们探寻表象后面的实质东西,使我们最终走近问题的本质。同时能帮助我们触类旁通,看清问题所涉及的诸多方面,进而抓其要害,解决问题。

深度思考是一种洞察力

凡深度思考的人,能从纷繁的事物中,看到事物的主流;能从复杂的具体现象中,发现本质的带有规律性的东西;能从艰难困苦的曲折中,看到光明的前景;能从微小细节变化中,感受到即将掀起的风暴。

《周易》中写道:"静则思、思则变、变则通、通则达。"韩愈说:"行成于思,而毁于随。"善于思考的人,能由小及大,小中见大,能从小事中得到大启发。鲁班被长有细齿的野草割伤了,因此大受启发,发明了锯子。

只有静才能做到深度思考

一杯混浊的水,静静地放一放,泥渣会自然沉淀,终至转浊为清,成为一杯清水。静能克服人身上的烦躁、焦躁、急躁。"躁"就是干扰人们思考问题的混浊泥渣。不管遇到什么问题,我们都要静下来,动动脑、过过心,千万不要急于决断。只要静下来,"躁"就会慢慢沉淀,就能让我们冷静、全面、深入地思考问题,就能看清问题的本质。

他为什么装

禾怕霜,人怕装。装睡的人叫不醒,装病的人治不好,装累的人扶不起。只有弄清病根,才能对症下药治愈"装"病。

卫生间为什么脏

到一个单位如果发现卫生间又脏又臭,就基本可以判定这个单位的主要领导管理水平一般,甚至非常糟糕。卫生间是反映一个单位工作的重要窗口。

吹牛皮的都是骗子

喜欢吹牛是人性的弱点。一般情况下,牛吹得越大,成事的概率越小。判断是不是吹牛,要注意对方话中的破绽。善于发现疑点,才不会被吹牛者所骗。

顺着人性找办法

"差距"刺激法

工作热情和奋力拼搏的进取精神，实际上来自"差距"所产生的作用。因"差距"而竞争，因"差距"而赶超。"差距"是激发人奋发向上的动力源。人天生就对"差距"有敏感性，甚至有刺激性。比如比赛、评奖等。领导在官场有三怕：指标任务结果怕排队，观摩汇报讲评怕揭短，考核推荐选举怕投票。排队、揭短、投票都涉及"差距"的刺激。这种刺激对工作促进作用很大。

工作压力不仅来自上级和下级，更主要的是来自同级。同级之间，有相互攀比的人性特点，怕落后于别人所产生的压力，变成了奋起直追的最大动力。

领导干部怕"三评"

年终考核或者推荐领导干部，"三评"得出的结果最准确，即下级评议、同级评价、上级评判，三级分别以不同权重比例，采取无记名投票方式进行打分，对一个领导进行综合评定。

"杀鸡给猴看"工作法

干工作要敢于碰硬，不怕惹人，有时还得刺刀见红。"猴"害怕血迹，用最小代价杀一只"鸡"，就可以让"猴"规规矩矩。

"维修钟表"工作法

维修钟表要"擦油泥、拧螺丝、上发条、换零件"，运用到工作中也是一种工作方法。"擦油泥"，就是经常清扫思想灰尘，使其转变思想，更新观念；"拧螺丝",就是加大工作力度,施加工作压力,使其对工作不松懈、不怠慢;"上发条",就是采取各种措施,促其自加压力、加班加点满负荷工作;"换零件",就是采取组织措施,把那个妨碍运转的"零件"换掉,即我们常说的不换思想就换人。

尊重人性

我们既要洞察人性,又要尊重人性;既要彰显人性,又要限制人性。让人性跟着时代向上走,跟着法纪正义走。

敢于放权,人心自来

放权的核心是下放信任

古话说,财聚人散,财散人聚。同样的道理,在大局可控的前提下,科学地分权和授权,能收到"权散人聚"的效果。"授权就像放风筝",应该收放自如,部属能力弱,不做事,你就把线收一收;部属能力强,能做事,你就把线放一放。

放权的关键是下放利益

有的主要领导疑神疑鬼,总担心下级有权会谋私。所以,自己大权独揽,小权也不放,使下级成了一种摆设。用人不疑,疑人不用,相信自己不贪,也应该相信下级不占。只有这样,下级才会有权有责有权威,才能更好地工作。

放权的好处是下放麻烦

大道至简,悟至天成。领导下放权力,首先应下放小事、琐事、麻烦事。从繁忙的事务中解脱出来,目的在于腾出精力抓大事、办要事、管全局。

一个好汉三人帮

敢于放权,人心自来。不放权,看起来是一班人,实际上是一个人。人常说,你即便浑身是铁也打不下几个钉;一个篱笆三个桩,一个好汉三个帮;三个臭皮匠,能顶一个诸葛亮;众人拾柴火焰高。这些普通道理,一定要牢记。

领导艺术的关键在平衡关系

什么是平衡

平衡不是摆平,摆平是黑道惯用的招数;平衡也不是抹平,抹平是和稀泥抹光墙掩盖矛盾;平衡更不是简单的扯平,扯平是你五两,我半斤。那么,什么是平衡?平衡是对矛盾双方,各种力量,要求我们公平公正,尽量做到一碗水端平,一个标准审视,一把尺子度量。

平衡就是健康,失衡就是疾病,调理就是治疗。

消怨不结仇

冤仇宜解不宜结。在长期的工作中难免有些恩恩怨怨,作为聪明有肚量的领导,一定要趁权消怨,而不能借权报怨,借权报仇,不能让矛盾激化,结成死结。对于原来和自己意见不同的人,甚至反对过自己的人,掌权之后,要主动靠近他们,真心实意地为他们办些实事,以自己的高姿态和诚心化解过去的矛盾。

领导是"文件",同级是"内参"

上级是"文件",一纸就可以决定你的升迁;同级是"内参",领导经常参考你同级的意见;下级是"传单",你的名声好坏与人们的口口相传息息相关。故此,领导应慎重处理上下左右的关系,创造和谐融洽的工作环境。否则,吃亏的是自己。

领导最需要把握的平衡点

领导平衡关系要做到:使用干部不能失去民心,照顾关系不能激起民愤;批评人不能整治人，表扬人不能偏袒人；团结不拉帮，亲近不结派；厌恶不结怨，结怨不结仇。

担子一头挑，哪能不闪腰

一把手的领导艺术主要是平衡术，一个单位、一支队伍中的主要力量，一旦失去平衡，问题就会接踵而来。农村有句俗话，叫"担子一头挑，哪能不闪腰"，讲的就是平衡的道理。

领导能力主要看决策能力

领导作风贵在果断

决策果断贵在权衡利弊。两利相权取其重,两害相权取其轻。果断决策贵在吃透情况,调查不够不决策、条件不备不行动;果断决策贵在高瞻远瞩,方案不求完美。果断决策主要看长远,看主流,看结果。

科学决策重在程序

一项重大工程如果决策失误,不仅浪费巨额资金,损害群众利益,而且有的还殃及子孙后代。凡失误的决策,主要领导不是主观武断,就是疏忽大意,要不就是眼界有限或者知识不足。不管哪种原因,问题的根源都是缺少科学的民主决策程序。

决策不慎,损失严重

主要工作和重大项目决策一定要有严格的民主和科学程序。要在充分调查和反复论证的基础上,需经上上下下各种会议讨论研究,方可慎重出台。实践证明,权力任性,减少程序出台的重大决策,效果很差,问题很多。一是没有生命力,一茬领导一阵风,经不起历史检验,不能持续推进;二是没有广泛的社会基础,聚不起人心,形不成合力,唤不起同心;三是没有抓住群众关心的核心利益,浪费人力、财力、精力,推进中阻力重重,雷声大、雨点小,最后成效甚微,草草收场;四是没有前瞻性,重大问题,由少数人轻率拍板,这为当地社会发展造成了不可补救的重大失误。

表态前自己没有主意怎么办

当会上遇到争论不休的重大问题时，尤其自己在吃不准问题的情况下，千万不要轻易表态，应当把握时机宣布散会。散会后，要放下架子，请有关专家、内行，或者部下，采取不同方式，反复向他们征求意见，探讨问题，直至找到正确意见，然后再召开会议。会上在充分讨论问题的基础上，根据大家的意见和自己掌握的情况，再进行表态。这样不仅能减少失误，而且还会树立自己的威信。

不能忽视的几个问题

领导工作时间由三部分组成

领导的工作时间由三部分组成,即主动工作时间、被动工作时间和机动工作时间。

主动工作,就是主动干自己必须干的工作;被动工作,就是自己不情愿干但还得干的应酬工作;机动工作,就是可干可不干的一些日常事务。实践证明:主动工作时间占到全部工作时间的60%以上,工作才有成效,如果被动工作时间和机动工作时间加起来超过80%,只能是事务缠身,忙碌无功。

领导再忙也要做到"三不"

领导干部,尤其是一把手,时间十分宝贵,工作非常繁忙,但为了办事慎重,对重要的问题应做到"三不":在路上不签意见,在家中不听汇报,在饭局不谈工作。有时间,有环境,领导考虑问题才会周全。

主要领导既要栽花又要栽树

主要领导既要栽花,又要栽树。所谓栽花,就是干短时期能见效的事情;所谓栽树,就是干能让后人乘凉的工程。如果光栽花不栽树,走后留什么?如果光栽树不栽花,眼前看什么?所以,主要领导要既抓当前,又抓长远,当前和长远一起抓;要有"功成不必在我,功成一定有我"的崇高境界。

细节决定成败

《道德经》里说:"天下难事,必作于易;天下大事,必作于细。"一名领导干部，要以负责的心态对待每一个细节，以认真的态度做好每一个细节。其实，很多成功人士最大的秘诀就是注重细节，细节决定成败。想成就一番事业，一定要脚踏实地，从小事做起，从细节做起。每做一件事都要三思而行，想好前前后后，左左右右，想好再动手。冲动是魔鬼，粗鲁也是魔鬼。

到新岗位要少说话慎表态

情况吃不透不说话

到一个新的工作岗位,千万要少说话,慎表态。即使说话,也不说长话,非表态不可时也要尽量留有余地。要认真调查,吃透情况,逐步深入。有了充分准备,然后一炮打响。

干到十分,只说八分

少说话更有威严,不揽权更有实权,勤交心更有同心。

说得小点,干得稳点。干到十分,只说八分,给自己留下充分的余地。一开始轰轰烈烈,干一段就蔫了,不是把式。

先当哑巴,后开喇叭

新到一个岗位,由于情况不熟,要先当哑巴,后开喇叭。不说话,少说话,低下头,走下去。待调查研究、情况吃透后,再开始大声说话。不鸣则已,一鸣惊人。

不懂不要装懂,知其一不要说其二。老单位的经验到新单位不一定适用。放下架子,老老实实地先当学生。不要怕别人看不起,真正让人看不起的是新到一个单位,到处乱讲、乱说。

应该注意的几个问题

不能无视少数人的意见

如果会上有人对某一重要问题表示强烈的不同意见,即使多数人都站在你一边,作为主要领导,也应该重新考虑一下自己的意见。有时完美、正确的意见可能掌握在有头脑、有实践而且是敢讲真话的少数人手中。

有势要乘势,没势要造势

不管领导者还是管理者,都在经营一种势,势是一种力量,是人心向上、工作向上、事业蒸蒸日上汇成的一股向上力量。这股力量一旦形成,任何困难都无法阻挡。借助这种力量就能搞好工作。有势要乘势,没势要造势。势十分宝贵,乘势而上,势如破竹,势不可挡。

做思想工作的原则

做思想工作有这样一条原则:你必须先说服自己。只有说服自己,才能说服别人。连自己都想不通,就不要做别人的思想工作。孔子曰:"己所不欲,勿施于人。"

一周一次碰头会

班子成员要定期召开碰头会,最好一周一次。这样做的好处至少有四条:一是便于主要领导全面掌握情况;二是便于班子成员及时向主要领导请示工作;三是便于班子成员之间沟通交流;四是便于主要领导及时布置工作,一周干什么,重点干什么,协同干什么。

从政复杂在背后

知人知面不知心

人心隔肚皮,谁也瞧不见,摸不着。不要轻易相信一个人,要相信自己的感觉。花言巧语最能骗人,小恩小惠最能诈人,背后下手最易伤人。

看淡利益,与人不争

从政复杂,只能自己操心。谨记,危险的斗争,不为利益参与;诱惑的小路,不为利益前行;复杂的关系,不为利益纠缠;相争的名利,不为利益追逐;公开的对立,不为利益结怨。古人曰:"久利之事无为,众争之地勿往。"

做人、做官坦荡,光明磊落,公道正派,面对诱惑放弃利益,是保护自己、战胜邪恶的一把利剑。

谨防身边人

人最怕的是被自己在乎的人伤害,因为越是在乎越不会有戒心,最了解你的人才会知道刀子往哪里捅最致命,从而让你被伤得体无完肤且措手不及。

怎样应对小人

应对小人的办法

什么是小人？两面三刀者为小人，挑拨离间者为小人，造谣诬陷者为小人，不敢惹、惹不起者为小人。君子报仇十年不晚，小人报仇一天到晚。

对小人的最好态度是"八不"，即不理、不辩、不闻、不问、不批、不斗、不争、不惹。小人自有小人害，我不害他是自爱，因为，害别人是毁灭自己。小人树敌处处在，你不害他，有人害。即便没人害，迟早一天他也败，为何败？归根原因是他坏。我们要相信，小人多行不义必自毙。

从某种程度上来讲，我们要"感谢"小人，小人是社会的第三只眼睛，时不时在盯着我们。小人的对立监督，可以使我们少犯错误。

当对小人忍无可忍的时候，要抓住小人的致命要害，拿起法律的武器，痛击小人，让小人最后以失败告终。

小人比君子靠得权力更近

权力有强大的吸引力，君子向你靠拢，小人也向你靠拢。我们办任何事情都要多一个心眼，谨防小人。小人比君子靠得权力更近。

成大事者，从来不被烂人烂事纠缠

小人都属烂人。君子一般不与烂人烂事纠缠，烂人烂事之所以烂，是因为你越在乎它，它越烂。如果不小心陷进去，你会跟着一起烂。你一定要清醒：烂人烂事他不怕烂，而你跟他烂不起。

三观不同何必强融

人生最大的荣幸是遇到与自己价值观一致的人

上级喜欢拼命工作，勤政为民，他便喜欢下级有胆有识，敢干敢拼。若遇上这样的上级，你一定要抓住机遇，大显身手，努力工作。如此好的工作环境，可以做到累中有乐，苦中有趣。

上级喜欢吃喝玩乐，拉帮结派，他便喜欢下级溜须拍马，吹喇叭抬轿，结党营私。遇上这种领导，正派人必然自感另类，心情郁闷，憋屈难受，累死累活也落不下个好名声。进不对，退不对，整天感到活受罪。

睡得醒，才能干得好

从政不平坦，风水轮流转。遇见白天好好干，碰到黑夜睡了算。睡的过程就是对"五脏六腑"充电的过程，就是养精蓄锐，就是休养生息。睡得醒，才能干得好。

理想不同，不比输赢

物以类聚，人以群分。从政中，自然可以分出一些类别。从政中一般以干活不干活、干净不干净、干杯不干杯来大体分类。勤政干活的，看不惯那些投机取巧混日子的；廉洁干净的，看不惯那些贪占伸手捞摸的；本分守纪的，看不惯那些花天酒地吃喝的。看不惯就自然走不到一起。

由于世界观不同，你看不惯一部分人的所作所为，实际上那一部分人也看不惯你的所作所为。理想不同，不比输赢；圈子不同，何必强融？

真觉得自己是公仆,你就跳出了做官的境界

公仆的形象

公仆形象:一心为公,两袖清风,三餐不定,四季奔波,五体不安,六亲难近,妻儿不顾,八方开拓,久经风雨,十分辛苦。

公仆的体验

领导干部是人民的公仆,应该体验到:车不好坐,饭不好吃,觉不好睡,官不好当。如果体会不到这四条,你可能是个庸官或昏官。

公仆的苦累观

宁愿一人受苦、受累、受罪,也要让千千万万百姓受惠。所谓受苦、受累、受罪,就是辛苦多一点,委屈多一点,奉献多一点。

人格能感动人,能力能感动人,爱心能感动人。为百姓,受苦不叫苦、受气没怨气、受累不喊累,这是一种态度,更是一种境界。

公仆的幸福观

领导的繁忙指数与百姓的幸福指数成正比,领导工作越忙,百姓幸福指数越高。要想群众拥护,领导必须提高自己的繁忙指数。多数成功者往往一天忙得没有一点空闲,直到退休。在事业心强的领导看来,忙是一种快乐和幸福。

忙碌是一种幸福,可以让我们没时间体会痛苦;奔波是一种快乐,可以让我们真实地感受生活;疲惫是一种享受,可以让我们无暇体味空虚。

从心底里把百姓放在第一位

何为顶天立地者

我们头顶一片"天",就是组织;脚立一方"地",就是百姓。上对"天"负责,下对"地"尽力。"天"支持,"地"拥护,才是真正的"顶天立地"者。

通过下雨明白了两个道理

雨天用伞时,你应明白一个道理:如果你不为别人遮风挡雨,别人怎么能把你举到头顶?

穿上雨鞋出门时,你应该明白一个道理:一个人把全身一切都托付于你,你还在乎什么泥里水里?

俯下身做牛,为人民拉犁耕田;站起来当伞,为百姓遮风挡雨。

百姓是监视我们的高清探头

百姓是我们的衣食父母,百姓是我们的进步推手,百姓是监督我们的高清探头。尊重百姓,爱戴百姓,为百姓谋福祉,是我们回报百姓、感恩百姓的重要途径。

民心似杆秤，轻重由他定

领导好不好，群众说了算

医生好不好，患者说了算；院长好不好，医生说了算；医院好不好，社会说了算。

老师好不好，学生说了算；校长好不好，老师说了算；学校好不好，社会说了算。

政界也是一样，领导好不好，群众说了算；上司好不好，下级说了算；政府好不好，社会说了算。

要知朝中事，山里问野人

家有黄金，外有斗秤，干部廉贪问百姓。领导和百姓吃的是一锅饭，谁是大肚汉，谁是能吃不能干，百姓心中有评判。

上级不一定完全了解下级

上级不一定完全了解下级，最了解的实际上还是百姓。看一个领导好不好，主要看政绩、听民意。政绩是一个领导者才干、能力的展示，民意是领导者作风、德行的反映。真正的民意来自基层群众发自内心的客观评价。但这种评价，由于种种原因，上级不可能完全掌握。

从政"三问"

一问权力：我怎样才能驾驭你？

权力说：想要驾驭我，一靠正，二靠勤，三靠廉；不能靠我享受，不能靠我谋私，不能靠我玩术。

我就像一匹烈马。如果你驾驭得当，我可以成为千里马，驰骋万里，造福于民；如驾驭不住，我就是害群之马，横冲直撞，祸国殃民。

二问百姓：你怎样才能满意我？

百姓说：时时想着我，处处为了我，事事连着我。想我之所想，急我之所急，解我之所困。

我是大海，可载舟，亦可覆舟；我是苍天，敬着我，风调雨顺、润泽千秋；怒了我，电闪雷鸣，天昏地暗。

三问天地：人生怎样才算不白活？

天地说：要活就活它个船撵浪，要活就活它个龙摆尾，要活就活它个云生霞，要活就活它个地增辉，要活就活它个拼命三郎有滋味。

人生就是这样，奋斗着，阻挠着，欢笑着，烦恼着，自由着，限制着；走出一段路程，回头一望，却也生动着，美丽着，幸福着。

人作乱是钱作乱

权、钱是匹烈马,驾驭靠高手

马作乱,是料作乱。人作乱,是钱作乱。

当领导的最怕驾驭不住权,当老板的最怕驾驭不住钱。驾驭不住权的,权大并非幸事;驾驭不住钱的,钱多并非好事。

"贪"字形状近似"贫"字,其中有深刻的含义:贪得无厌往往会导致一贫如洗。要知道,最好的东西贪得过多就会变成最坏的东西。

私欲是压缩饼干

私欲犹如压缩饼干,不能见水,见水就膨胀。

金钱若水。缺水,渴死;贪多,淹死。

人的各种欲望与生俱来,无可厚非,但无止境的欲望比万丈深渊更可怕。"壁立千仞,无欲则刚"是极为深刻的人生哲理。

有一种幸福叫放手

有一种幸福叫放手,有一种痛苦叫占有。有一种胜利叫撤退,有一种失败叫固守。

面对贿赂,别伸手,伸手必被捉,放手就是一种幸福。

面对贿赂,经不起诱惑,一旦占有,就难免遭受痛苦。

谨防身边的"刺、刀、毒"

金钱贪多便是"刺",美色贪多便是"刀",佳肴贪多便是"毒"。

味淡养体，食重伤人。厨师不吃厚味饭，佳肴常吃便是毒。

有油水的地方常常最滑

让人容易跌倒的，不是崎岖山路，而是有油水的高处；让人容易失败的，不是自身的愚笨，而是自己爱占小便宜的聪明。

你看重名利，百姓就会看轻你

你看重名利，组织和群众就会看清你，从而看轻你。你看淡名利，组织和群众就会看准你，从而看重你。

心中没有灯，脚下全是坑

智者一生谨慎

智者，以别人惨痛的教训警示自己；愚者，用自己沉重的代价唤醒别人。

智者为官，为民服务，替民解难，鞠躬尽瘁，一生尽得平安；愚者居吏，为己谋财，弄权求利，机关算尽，永世难求幸福。

心中有灯才能照亮自己

人生漫漫，风雨交加，全靠自己撑伞；路途遥远，日夜兼程，全靠自己掌灯；翻山越岭，路有不平，全靠自己杖行。

头上没有伞，雨淋受风寒；心中没有灯，脚下全是坑；手中没有杖，跌碰易损伤。

每个人心中必须有盏明亮的灯，这盏灯主要是照亮自己，"照亮"自己的角角落落，从而使自己的一生中，没有一处阴暗。明明亮亮做人，一辈子就不会被"名坑"或被"利坑"绊倒。

透视干部看"三圈"

物以类聚，人以群分。评价一个干部是否廉洁勤政，请到他的生活圈、社交圈、工作圈里去透视。

只要自己不腐，就不怕任何敌手

我们无法控制风，但可以控制帆。我们无力改变社会风气，但可以约束自己。

古人说,成功于惧,失败于忽。时时小心谨慎,事事把住底线。只要自己不腐,就不怕任何敌手。

交往不交易

做领导有一条重要原则,不论什么人,什么关系,只能有交往,不能有交易。正常的交往是人之常情,肮脏的交易是出卖权力。

给自己留转身空间

在名利诱惑面前,一定要头脑清醒,不管办什么事都必须给自己留下退路。有些事把自己逼到墙根,要后退必须有转身空间。只有留有余地,能调转身才会由被动变主动。

应该牢记的五句话

世界上没有无缘无故的爱;世界上没有免费的午餐;世界上没有不透风的墙;世界上没有后悔药可吃;世界上没有救世主,只能自己救自己。

名不过求，利不过贪

有追求，不强求

逐利太重的人，就会利欲熏心，利令智昏，成天为利所忙，周旋于金钱交易，为利所困；追名太切的人，就是名欲、轰动欲、腾达欲太强烈，事事都想争先，样样都想完满，为名所累。

对待名利应该是有追求，不强求；努力争取，顺其自然；得之坦然，失之泰然；随性而往，随遇而安。

无利不起早

向上是因为有梦，勤快是因为有利。因为有梦，人，奋斗一生；因为逐利，人，勤快一辈。

如果人不为自己，他是谁？如果我不为他人，我是谁？

利己者生，利他者强

不为名，不为利，干什么工作也没动力。只图名、只图利，人活一辈也没意义。人应该有点理想追求，思想境界应该从利己中逐步走向利他，在利他中找到价值，在利他中成就自我，在利他中感到幸福。

社会由三部分人组成：大众、精英、王者。大众是多数，精英是少数，王者是极少数。大众的动力是生存，精英的动力是名利，王者的动力是治天下。就是这些动力，推动着社会的进步和人类的发展。

金钱是一座山

金钱是一座山。有人靠它发展,有人被它压扁。正道来的钱,人在山上,风光无限。邪道来的钱,人在山下,气都难喘。如果长期精神压抑,就会成为一种难解的心结,这种心结不是别人解不开,而是自己解不开。利剑高悬,会让你茶饭不思,夜不能寐,饱受煎熬。久而久之,就是别人不打你,你也会精神崩溃,自我垮塌。有部电视剧,角色之间有段对话,大体意思是:你拿钱让我杀人可以,不留痕迹也可以,但你背着一条人命,恐怕长期寝食不安。这种心魔你永远无法抹掉。心魔就是魔鬼,它迟早会吞噬你的生命。

没有私心才能赢得人心

改造人性，赢得人心

有一些人，因为懒惰、无能、无多作为，政绩平平，才让百姓灰了心；有一些态度，因为傲慢、冷酷、偏激、固执，才让同事或下级伤了心；有一些事，因为吝啬、忘恩、害人、贪占，才让人们寒了心。总之，因为性格、品性，看清了一个人，也看透了一颗心。

哪些行为最不得人心

领导的哪些行为最不得人心？一是道德败坏、品行不端；二是利欲熏心，贪得无厌；三是盲干瞎干，劳民伤财；四是追名逐利，虚报浮夸；五是作风粗暴，横行霸道；六是心术不正，徇私枉法；七是固守摊子，庸碌无为。

世上最贵的是人心

世上最难得、最宝贵的就是人心。人心靠上级封不来，靠权力压不来，靠自己吹不来，靠小聪明骗不来，靠金钱买不来。唯有靠自己的德行，靠自己的言行，靠自己的作为，才能赢得。

怎样才知自己深得民心

怎样才能知道群众拥护自己？听离任时的热烈掌声；听同事、部下对自己的评价，尤其是背后的评价；看选举、测评、推荐时未受任何干扰的选票。没有私心，才能赢得民心。

掌声代表心声，眼神流露心神。握手紧表示真诚，点头深表露深情。

选择了领导岗位就选择了责任

责任是一种官德

责任心强,就会在其位、谋其政、行其权、负其责,任务执行起来,没有任何借口,不发任何牢骚,不谈任何条件,不讲任何代价,不计任何得失。相反,责任心不强,就会碰到问题不插手,遇到矛盾绕着走。

负责任的领导有"四怕"

负责是从政者的天职。负责任的领导就怕事情办不了,办不了就着急;负责任的领导就怕事情办错了,办错就自责;负责任的领导就怕下级事情办不好,办不好就生气;负责任的领导最怕见不负责任的领导,见了就要对其进行问责。

负责任有四大特点

一是凡负责任的领导都尽职尽责。他们干工作不使奸、不耍滑,做事从不吊儿郎当。二是负责任的领导都办事慎重。尤其涉及党和人民利益的重大问题,他们不怕苦、不怕累,反复调查研究,从不草率决策。三是凡负责任的领导都敢说真话。在重大是非面前,他们旗帜鲜明,不摇摆、不退却,即便惹人也从不隐瞒自己的个人观点。四是凡负责任的领导都办事认真。不论办任何事,他们一是一、二是二,从不稀里糊涂,迁就应付。

责任大如天,如不负责你靠边

农民早上天不亮就起床到田间,不是公鸡和闹钟叫醒他们,叫醒他们的是家庭责任。

甘蔗没有两头甜，领导者一头是待遇，一头是责任。

领导者的权力，是一种责任。当领导如果不负责任，他就失去了领导的资格。

有的人做官的原则是不出事，谨小慎微怕惹事；有的人做官的原则是做大事，敢作敢为敢担事，担当就是领导的一种责任。

选择了高山就选择了攀登，选择了事业就选择了责任。

对党负责，对人民负责，就是对自己负责，就是对自己的良心负责，对自己的名声负责，对自己的形象负责，对自己的前途负责。

责任必须和我连在一起

实践证明：责、权、利必须"三位一体"。所谓"三位一体"就是，怎么干是你的权，干成是你的功，干砸是你的过。不管是哪一级官员，在赋予其权力的同时，一定要把责任压实，把责任和"我"联系在一起，有了压力，就有了动力。责任书中，如果光有任务，没有明确的奖惩措施，那么，就是签了一份没有责任的责任书。

如何选人用人

使用干部要注重"三个三分之一"

使用干部既不能没有原则,也不能脱离社会实际。重用三分之一出类拔萃的,照顾三分之一资历深厚的,考虑三分之一不得不用的。

不该提拔的八种人

不该提拔的八种人:能力一般有靠山的,领导面前忽悠的,金钱票子铺道的,拐弯抹角找靠的,抓住辫子敢闹的,死皮赖脸硬要的,暗送秋波玩俏的,对待父母不孝的。

秘密投票处能说真话

推荐干部应该设立秘密投票箱,全部投票人应到秘密投票处写票,这样才能充分体现推荐人的独立意志。如此,推出的人选才是符合民意的人选。

如果一个选民觉得自己的选票没有什么价值,他肯定选的是不负责的人。

什么是"德能勤绩"

想干是德,会干是能,多干是勤,干好是绩。干部应把心思用在想干事上,把本领使在会干事上,把精力放在多干事上,把目标定在干成事上。任用干部,要做到:让想干事的人有机会,让会干事的人有舞台,让多干事的人有待遇,让干成事的人有地位。

人找官,人离官越来越远;官找人,人离官越来越近。

蹲苗是为了夯实基础

蹲苗，是指弱苗继续留在苗圃生长。这样有利于苗的进一步壮实，如果把弱苗，种在地里，在争肥、争水、争阳光的植物竞争环境里，先天不足的弱苗始终结不出饱满的果实。蹲苗是对弱苗的关心和爱护。用干部也是如此，对不成熟的干部，要继续留在原岗位锻炼，不要急于提拔，这样有利于干部的健康成长。

重用一个人要经历四个阶段

重用一个人，一定要经历四个阶段：认识、了解、熟悉、信任。缺少必要阶段而盲目重用，就难免出问题。

公权与公心

我们手中的权力是公权，选人要出于公心。历代帝王手中的权力虽然是私权，但在挑选接班人的时候，也会出于公心。民营企业老板，选接班人也是如此。

用人不当，责任难当

用人风气不好造成的怪象

不论任何地方，只要风气不正，就会出现三种现象：一是群众赞成的，领导心中没有；领导欣赏的，群众却不买账。二是在领导身边常跑的，进步就快；在基层埋头苦干的，却没人管。三是德才兼备政绩突出的，到不了重要岗位；靠关系升迁的，却手握重权。

无能的官，无为的吏，占了一些重要的位，导向作用太可怕，混日子的悄悄排成队；无用的话，无用的会，使人感到特别累，无奈应酬跟着转，工作忙碌无效率；无用的事，无用的忙，无头苍蝇乱碰墙，工作重点抓不住，抓住的都是面面光。

用人不当是最大损失

这损失，那损失，德才兼备的优秀干部放不到重要岗位上是最大的损失。一项重要工作、一项重大工程，如果主要领导的思路不对、决策失误，那将会加大行政成本，浪费社会资源，从而造成巨大损失。

县长提拔的启示

甲乙两县长同时上任，甲县长抓紧带领全县修缮水利工程，数月，高质量竣工。乙县则无动静。夏天，洪水至，甲县固若金汤。乙县四处汪洋，抗洪抢险，记者云集乙县，县长频频在救灾一线出镜，名声大振，数月后，他被提拔为副市长。甲县长悟道，从此不修水利，盼望下一次洪水到来。

启示：用人导向千万不能出问题。一旦出问题，实干的寒心，投机的钻空，受害的还是百姓。

人才有用不好用

人才也有不尽如人意之处

凡大有作为者,也有不尽如人意之处。人才有用不好用,奴才好用没有用。满山都是树,做椽的做不了柱。

人才有恩有怨有争议

用人不必求全。庸才无恩无怨无争议,而人才往往有恩有怨有争议。才干越高的人,其缺点也往往越明显,有高峰必有深谷。

傲气是傲骨透出的"光"

凡是人才都有傲气,傲气是人才的外在表现,其实质是他有傲骨,傲骨是由他的知识、才能、素养铸成的。傲气是傲骨透出的"光"。只有伯乐,才能看见这种光。可惜,好多领导容不下真正人才的缺点,不知毁了多少精英。

如何判断一个领导是否正派

看他用的干部

看一个人的品行如何,看他常处的朋友是谁就心知肚明;看一个主要领导是否正派,看他用的是什么干部就心里有数。

看他如何评价干部

正派之人,注重的是公正,注重的是名节。赛场评委,评价的不仅仅是参赛者,也在评价自己,不仅在给别人打分,也在给自己打分。

推荐干部,不仅仅是向组织推荐别人,而且也是在向社会推荐自己。

看他用人有没有原则

用人,如果在一个人身上失去原则,在众人面前就会失去威信。

正派人不结伙,结伙的人不正派。

公正与否事关领导者的形象。一个领导者失去公正,就会失去原则,就会失去人心,失去尊严,失去威信。维护公正是维护领导者自己的形象。

看他怎么处人处事

世上三种人最厉害:一是做事特别用心的人,二是办事特别认真的人,三是处事特别公正的人。

怎样与下级相处

理解下级

当下级因维护正义受到非议、诬陷、排挤时，上级要敢于站出来为其做主，这样下级才会心存感激，从而加倍努力工作。

身累不能心累，流汗不能流泪。一个主要领导让下级身累，就千万不要再让下级心累。让下级身累又心累，流汗又流泪，这样的领导应该受到良心的谴责。

其实领导都是从基层慢慢干起来的，只要回忆一下自己的奋斗史，就会理解下级的苦衷。

查处下级和部属的过失时，在采取某些措施之前，要尽量耐心地听取一下过错人的陈述和解释。多听一句话，就可能少冤枉一个人。

放下架子

尊重别人就是尊重自己。下级也有自己的人格尊严，同样需要尊重。放下架子，与下级交朋友，你的威信会更高。人常说，官架是臭架。既然是臭架，就会发出臭味，所以人们会避而远之。

上司与下级谈话，不停地打断下级的话，只强调自己的意见，这是一种盛气凌人的表现。沉住气，让下级把话说完，你再指点。

把握分寸

领导者在同下级交往中最好少开玩笑，因为下级出于某种考虑无法用同样的方式来回敬你。

上下级相处要把握分寸，过远会脱离群众，过近会显得庸俗。"近则庸，疏则威"，"阎王爷不跟小鬼称兄道弟"。

上司做事、说话不能太苛刻，如果太苛刻，部下就会心生怨恨。

感情是基础

感情是工作的基础。领导要注重与下属建立感情。感情需要培养，需要投入。

人与人之间感情很重要。感情融洽，难办的事也要想法去办；感情有隔阂，好做的事也不愿去做。

威望是从政多年德才的积累

德才和业绩决定领导者的价值品级

任何东西质量都有差别,价值自然也不同。真材实料且做工精细的东西,肯定价值高。做领导也是同理。领导干部的"质量"是他的知识、阅历、品德、能力、政绩的集成,其价值是他在人们心目中的地位和影响。

人们常常用官衔来衡量一个领导的品级,却很少有人去思量他内在的德才和外在的业绩,实际上德才和业绩才决定一个领导者的价值品级。

忘我利他官德才会高尚

从政就做个"拼命三郎",不计自己得失,只为百姓造福。用尽自己的才智,耗尽自己的精力,在有限的任期内,超能量发挥,超负荷运转,尽最大努力为百姓多干些看得见、摸得着的好事、实事。百姓幸福,自己更加幸福。

当一个人感觉到自身价值存在时,工作就不再觉得苦和累。

受人尊重的内在力量

威望无形,力量无穷。人们当面对你点头哈腰,背后却说你非常糟糕,这是你手里权力的作用;人们当面对你不卑不亢,背后却夸你好样的,这是你自身人格的力量。

常见的官场病

官员"权力病"

仔细观察,多数人有了权力后,易有"三气"。一是有了傲气,二是有了脾气,三是有了霸气。"三气"一般与权相伴而生,有傲气,才有傲骨;有脾气,才有棱角;有霸气,才有气场。但要适可而止,自觉克制,过度就是毛病。傲气过盛,容易忘乎所以、目中无人;脾气过大,容易伤人感情,脱离群众;霸气过横,容易激化矛盾,结仇生恨。

官场"感冒症"

症状:懒政,工作不勤奋,整天萎靡不振。发病原因:内驱力不强,外压力不够,自身免疫力低。处方:加强自身修养,树立远大理想,增强奋发向上的自觉性。

官场"软骨症"

症状:骨头软,怕惹人,躲事,怕事,不敢担当。发病原因:性格软弱,胆气不足,心存私虑,怕惹麻烦。处方:培养有棱角的性格,总结软弱吃亏的教训,唤起敢于碰硬的勇气。

官场"疲劳症"

症状:工作犯有冷热病,碰见困难容易退却,工作缺乏韧性。发病原因:主要是自己的毅力出了问题。处方:坚守信念,修订目标,咬紧牙关,继续前行。

当领导很难听到真话

美言不是口碑

《邹忌讽齐王纳谏》中讲:"吾妻之美我者,私我也;妾之美我者,畏我也;客之美我者,欲有求于我也。"带着目的夸你的人不是亲近你、害怕你,就是有求于你。把美言当成口碑,就会步入美言陷阱,就难免会自我陶醉,自高自大,自以为是,好高骛远,忘乎所以,必然会伤害自己。

真话难得

官场上恭维话多,真话少,因为说真话会带来麻烦,会影响自己的利益。一个地方的主帅办什么事都不难,难的是听不到真话。

作为部下,谁不愿博得领导赏识?为了赢得领导的关心和偏爱,部下大多顺着领导,讨好领导,甚至糊弄领导,看领导脸色行事,唯领导马首是瞻,真话窝在心底,脸上堆满笑容。这样,领导就很难从下属口中听到几句真话。

要想知道自己脸上有什么缺点,那容易,照照镜子。要想知道自己做人、做事、做官有什么缺点,那很难,因为自己看不见,别人看见还不说。

真话大多刺耳

真话大多是刺耳话,所以领导听到的不少是假话。真话在百姓口中,在家人口中,在你最亲密的朋友口中。

真话容易"伤人"

真话往往伤人,假话未必害人。说真话还是说假话,有时要看效果。善意的假话不要无端指责，伤人的真话不要张口就说。

人成熟后才会听进不同意见。成熟不论资历长短、年龄大小、职位高低。

玩笑中总有几分真话，脾气中总有几分抱怨，奉承中总有几分企求，收获中总有几分失落。

怎样才能听到真话

人们说话有两种：一种是嘴里话，一种是心里话。听见的嘴里话，有真有假；听不见的心里话，全是真话。只有真心与真心进行交流，才能听到对方心里的真话。

你想要拥有魏征这样的忠臣，你自己就必须要首先成为唐太宗；你要想听到邹忌的真话，你自己首先要成为齐威王。只要你竖起从谏如流的大旗，真话便会顺流而至。

广开言路的三种途径

一是设立微信平台，即政府公众号，向社会各界广泛征求意见建议。微信公众号中对政府和地方主要领导提出的意见建议，应由专门工作人员原汁原味地进行整理归类，并定期交主要领导参阅。

二是半年召开一次基层干部和同级领导参加的集中征求意见建议的会议。参会人员以无记名投票的方式，填写意见建议卡。由专门工作人员收回后，原汁原味地进行整理归类。

三是一年召开一次老干部座谈会，由地方主要领导亲自参加，认真听取他们的意见和建议。

通过以上渠道征求来的意见建议，地方主要领导要认真分析研究，并召开专题民主生活会，在会上对照群众反映集中的意见和建议，各自完善和检查自己的工作。

真正的民主监督是最科学、最有效的监督。它不仅可以帮助完善我们的工作，而且可以及时纠正我们工作中存在的问题。

怎样书写讲稿

讲话稿如何形成

领导讲话稿的形成分五步。第一步,领导事先将自己所要讲的主题、思路、措施、办法,详细地列出提纲,口头交代给写作班子;第二步,写作班子按照领导意见进行起草、加工、修饰,形成完整的讲话初稿;第三步,讲话初稿交领导审阅,由领导独立思考,进行修改;第四步,领导修改后的意见再交写作班子,进行充实完善;第五步,领导的重要讲话有的还要以不同方式征求意见,进行反复修改充实。

特别需要指出的是,领导的讲话,不能靠秘书苦思冥想、东拼西凑。秘书写出来的讲话,反映的是秘书的水平,而不是领导的水平,也不应该成为领导的讲话。

讲话是一种劳动,劳动就必须付出

讲话是一种劳动,劳动就必须付出。不下基层调查,不下功夫研究,单靠文件,单靠上级精神,单听下级汇报,单靠秘书写稿,要想讲好话是不可能的。领导讲话的干货在基层,讲话成功的内容在基层。

事者,生于虑,成于务,失于傲。一篇讲话稿,不断看才能不断发现缺点,反复看,反复改才能写出精品。一篇成功的讲稿,必须要亲自修改,而且至少要改五次。

人们为什么爱听即兴讲话

念稿式的讲话听众为何容易走神

讲话,是口头语言、表情语言、肢体语言"三种语言"合为一体的信息传递。

人的语言接收系统,一是耳,二是眼,三是脑。耳只能接收一种语言即口头语言,而眼能接收两种语言,即表情语言和肢体语言,并通过它们最终传递至大脑接收。

为什么戏剧引人入胜,而人们对念稿式的讲话就容易走神?问题在于戏剧启动了人的全部语言信息接收系统。所以,讲话最好是即兴的,即兴讲话如同人们看戏,能够生动形象地吸引听众。

即兴讲话的特点

扇子离人太远,再扇也感觉不到凉快;话题离人太远,再讲也吸引不住听众。讲话要想揪住听众的心,就必须贴近实际,扣人心弦,激起人的兴奋点,这样,才有"煽情"效果。

即兴讲话的主要特点是口语化、通俗化,语言风趣,生动活泼,贴近实际,听众喜欢接受。这种讲话言之有物,官话少,空话少,实际操作性强。把即兴讲话讲好,要靠自己的思考,靠平时的知识积累和调查研究。

汇报工作的技巧

汇报工作的技巧:一要紧扣主题,不偏移;二要口头表达,不念稿;三要抓住重点,不乱扯;四要善于归纳,不分散;五要简明扼要,不啰唆;六要观点新颖,不雷同。

讲话应注意哪些问题

参会者最不爱听的四种话

参会者最不爱听哪些话？一是不爱听老调重弹的旧话。同样的话，你说我说反复说。二是不爱听脱离实际的空话。调子高，理论空，人们听了无法操作。三是不爱听穿靴戴帽的套话。低着头，念稿子，没有自己的思考，没有自己的语言。四是不爱听不着边际的废话。这些话远离主题，东拉西扯，胡诌乱侃。反之，人们开会爱听真话、实话、新话，尤其爱听管用的短话。

讲话开始声音要低

讲话开始声音要低，语速要慢，像流水一样，娓娓道来，循循善诱，抑扬顿挫，有些关键词可加重语气，重点问题要反复强调，这样才能给聆听者留下深刻印象。

语言越简明通俗，给人留下的印象越深。

与领导交谈不讲长话

领导讨厌交谈说长话，无论多么复杂的事情，尽量概括为几句话，把意思很快表达清楚。最好一分钟进入主题，三分钟把话说完。

千万不要讲长话。台下参会的希望台上讲话的不讲长话，台上讲话的希望台下参会的不说小话。

讲话要有质量、分量、胆量

没有质量的话多是废话；没有分量的话多是空话；没有胆量的话多是假话。

讲话的状态很重要

讲话时，状态比知识更重要，状态体现的是心态。有能力驾驭现场，不惧；有把握讲好话，不慌。如果状态不好，有准备也讲不好。

做官十分：三分在嘴，三分在心，三分在手，还有一分在眼。

会风直接体现领导作风

良好的会风有三个标志

会风是干部作风的集中体现。良好的会风有三个标志：一是参会人员全部到，二是准时开会不拖点，三是会场安静认真听。良好会风可反映四点：一是领导作风过硬有感召力，二是班子团结协作有凝聚力，三是部属心平气顺有战斗力，四是单位纪律严明有约束力。

开会，领导不能迟到

主要领导经常不能准时到会、按时开会，这不仅涉及会议纪律，而且涉及个人形象。迟到不仅浪费别人的时间，让人讨厌，而且影响自己的诚信形象，让人反感。

开座谈会、汇报会主要领导不能离场

召开座谈会、汇报会，主要领导一般不要轻易离场。一离场不仅对发言者不尊重，而且会严重影响发言者的情绪和思路。发言期间，主要领导应不断与发言者用眼神或语言进行交流，这样，座谈会、汇报会的效果才会更好。

如何解决会议多的顽症

解决会议多的问题，领导要三问。

一问：能不能取消？

二问：能不能合并？

三问：能不能用更便捷的办法代替？

只要主要领导有减少会议的决心，通过这种简单的筛选和过滤，就可以减少很多不必要的会议。

规律是块铁,谁碰谁流血

官场有只无形的手

有只看不见的手在支配着领导者的一切行为。你走对了,它往前送你一程;你走错了,它往后拉你一步。这只无形的手,就是我们所探索的领导规律。

前进的三种规律

波浪式前进是规律,螺旋式上升是规律,摩擦式奔腾也是规律。一匹好马、一辆好车在冰上能飞奔吗?肯定不能。只有马蹄和车轮与大地进行强烈摩擦,马与车才能快速前进。

过程不能省略是规律

任何事物都有过程,过程是规律。冬天不可能一夜之间就变成夏天。百米跑、万米赛,都是一步步跑出来的。过程不能省略。

不要小看过程。人们往往容易犯只重结果、忽视过程的错误。"拔苗助长""杀鸡取卵"就是用来形容那些缩短或不要过程、急于求成的心态。欲速则不达,就是对忽视过程的一种惩罚。

认识和把握事物的发展过程,应发挥人的主观能动性。过程是客观存在的,但人的主观能动性对发展过程具有正向或负向的影响,可以加快或延缓事物的发展进程。

哪些行为违背规律

主观超越客观会违背规律;唯上唯书不唯实会违背规律;不讲实际、盲目瞎干会违背规律；急功近利、急于求成会违背规律。

　　遵循规律，需要有无私无畏的勇气和牺牲精神；需要有敢说真话、敢担风险、不怕丢官的胆略；更需要有审时度势、明辨是非、识别真伪的智慧。

　　规律是块铁，谁碰谁出血。规律惩罚人是不下通知的，是无情的、残酷的，这种惩罚说来就来，让你没有任何准备，无法招架，你只能在无情的事实面前哑口无言，低头叹服。

附录
精品选编

一、为政的三大规律

1. 摩擦助推前进的规律

汽车为什么在冰上无法快速前行?为什么下雪天汽车轮胎上要上防滑链?为什么汽车轮胎上要专门制造凹凸胎纹?因为汽车快速前进光靠自身动力是不行的,还必须在路面上寻找小于它动力的阻力。只有自身动力和路面阻力相互作用,才能推动汽车快速前进。摩擦是汽车前进的必要条件。

同理,人也一样,自身的努力只有在工作中碰到阻力,努力和阻力相互作用,才能助推工作前进。

那么,什么是我们前进中的阻力呢?那就是我们工作和成长中遇到的各种困难和问题。在实际工作中,我们每前进一步都可能会遇到困难和问题,这是不可否认的客观规律。

既然是规律,我们就要认识规律、遵循规律,正确对待、认真解决困难和问题。我们对待困难和问题的态度应由被动变主动,由消极变积极。实际上,解决一个又一个困难和问题的过程,就是我们不断前进的过程。

2. 过程不可省略的规律

万米跑、百米赛都是一步一步跑过来的。楼房再低,也得一步一步登,或者坐电梯一层一层升。

个人进步也是一样的。干部要有所作为,必须到基层去,一点一点地积累经验,一步一步地锻炼成长。刀不打磨不锋利,人不经事不会事。

人的一生必须要读两本书，一本是进学堂里读有字书，读懂是知识；一本是到实践中读无字书，读懂是经验。两本书都读懂才是智慧，才是水平。

一个人若要担当重任，那么他必须有在基层艰苦工作的经历和在社会复杂环境中工作的阅历，这个过程不能省略。

基层磨砺是一个人成长的基础，没有坚实的基础就没有万丈高楼。有的人即使走捷径挑上了重担，但由于经验积累不足、能力不够也会力不从心。

"宰相必起于州部，猛将必发于卒伍。"栋梁之材，是长期经风雨洗礼成长起来的大树；经纬之才，是千锤百炼锻造出来的好钢。这是大树成材和干部成长的规律。

3. 成功者的事业兴奋期规律

人生有成长期、成熟期，还有更年期和衰老期。成功人士，还有一段较长的事业兴奋期。

兴奋是一种连自己也抑制不住的精神力量，是发自内心深处的动力，是一种激情。这种激情不仅燃烧自己，还感染别人。事业兴奋期是指一个人对自己所从事的事业非常热爱，十分专注，长期着迷、执着追求。

人若兴奋起来，不用别人撑，不用别人催，自己就会特别想干某件事，而且干得特别有兴趣，特别有劲头，朝斯夕斯、不知疲倦，长期处于一种亢奋状态。晚上闭眼盼天明，天明忙到夜半更，工作狂就是兴奋的体现。

凡成功者大都会有这样的兴奋经历，如果自己对所从事的事业感觉不到兴奋，这说明你还没有走上成功的路。从某种程序上来讲，兴奋是事业成功的一种前提。

二、十种工作方法和思想方法

1. "三给"激励法和"三丢"激励法

激励的本质在于对"人性"精神层面、物质层面、价值层面需求的一种满足。林语堂说过:"中国人的脸,不但可以洗,可以刮,并且可以丢,可以赏,可以争,可以留,有时候好像争脸是人生的第一要义。"

正面激励有"三给":

给人面子,即表扬嘉奖;给人票子,即晋级加薪;给人位子,即提拔重用。

反面激励有"三丢":让他丢面子;让他丢票子;让他丢位子。

2. 差距"刺激"法

人天生对差距有敏感性,甚至有刺激性,如比赛、评奖等。在官场上,领导有"三怕":指标任务结果怕排队、观摩汇报讲评怕揭短、考核推荐选举怕投票。这就是人与人之间出现差距后所产生的畏惧。实践证明,有效利用排队、揭短、投票等方式,有意识地制造"矛盾",挑起竞争,有时对工作十分有利。

考核和推荐干部,"三评"得出的结果最准确。"三评"即下级评议、同级评价、上级评判。三级分别以不同权重、采取无记名投票方式进行打分。这种"三评"方法只要认真操作,效果就会很好。

3. "有他"工作法

"有他","他"是指领导的工作对象和服务对象。领导常做的有三件事:安排工作、开会讲话、制定政策。千万记住,我们不论做哪一件事,都要做到心中

"有他"，研究"他"的心理，顺应"他"的本性，找到调动"他"的办法和制约"他"的措施。安排工作，如果有"他"的责任，"他"就会积极干，"他"是工作的动力；开会讲话，如果有"他"关心的事情，"他"会认真听，"他"是讲话的磁力；制定政策，如果有"他"的利益，"他"就会努力办，"他"是政策的活力。实践证明：有"他"和没"他"，效果大不一样。道理很简单，如果与"他"无关，结果一定是"事不关己，高高挂起"。

4. 落实"三步"法

干什么，怎么干，干不好怎么办？打蛇打七寸，抓事抓关键，关键是要解决干不好怎么办的问题。措施有两条：抓住不落实的事，处理不落实的人。

工作落实重在深入、具体、碰硬。一深入就落实；一具体就落实；一碰硬就落实。

5. 律己"画圈"法

第一，划圈。什么事能办，什么事不能办；什么人能用，什么人不能用；什么友能交，什么友不能交，自己首先要画个圈。圈的边线是党的纪律、政策、原则。出圈就是出格，离圈就是离谱。

第二，压边。在执行政策的过程中，有一些政策，它们是有一定的回旋和灵活掌握的余地的，我们可以严格执行，也可以弹性执行。弹性执行就是压边。实践告诉我们：凡压边办的事，多令人感激；凡压边用的人，多令人感恩；凡压边交的友，多令人感动。

掌握"画圈压边"的前提条件是，通过"三观"改造，自己的灵魂深处已经建树起牢固的党性原则和纪律红线，于是不论遇到什么事，"画圈压边"就形成了一种根植于内心的规矩，无须提醒的自觉、不用告诫的谨慎，是渗透在血液中的自律。

人生漫漫，风雨交加，全靠自己撑伞；路途遥远，日夜兼程，全靠自己掌灯；翻山越岭，路有不平，全靠自己慢行。头上没有伞，雨淋受风寒；心中没有灯，脚下尽是坑；手中没有杖，跌撞易损伤。

6. 精准工作法

什么叫精准工作法？就是调查研究，找准问题，精准施策。古代把县官、州官、府官分别称为知县、知州、知府。清朝名士江祖辉解释：名为知县、知州、知府，须周一县一州一府知也，有一未知，虽欲尽心，而不能受其治也。

工作说到底就三件事：发现问题、研究问题、解决问题。这是工作的全过程。自上而下、自下而上，无论哪一级，概莫能外。

调查研究的形式主要有六种：深入基层调研、亲临现场调研、随机抽样调研、个别谈话调研、咨询专家调研、开会座谈调研。

7. "兑倒"变通法

倒杯晾水，是生活中的小常识。就是说口渴了要急着喝水，偏偏只有一杯滚烫的水不能马上喝，怎么办？我们可以拿来两只水杯来回兑倒几下，水就会很快降到合适的温度。开水变温水，主要是通过来回兑倒解决的。兑倒就是一种有效变通。兑倒不是鼓捣，不是变法违规，而是遇到问题，开动脑筋，多绕几个弯，以求解决工作中的问题。

变通主要有以下几种形式：

A. 改变不了甲，就改变乙；

B. 直道超不了车，就弯道超；

C. 见了红灯绕道走；

D. 先上车，后补票。

变通是对教条主义、本本主义的批判，是对不作为、不担当的谴责。

8. 关系平衡法

平衡不是摆平，平衡也不是抹平，平衡更不是简单的扯平。那么，什么是平衡？平衡是面对矛盾双方、各种力量，我们要坚持公平公正，尽量做到一碗水端平，一个标准审视，一把尺子衡量。

领导要做到：任用干部不被感情左右，评价干部不因恩怨偏激；批评人但不能整治人，表扬人但不能偏袒人；团结不拉帮、亲近不结派；厌恶不结怨，结怨不结仇。

平衡上下左右关系,要懂得,上级是"文件",一纸就决定你的升迁;同级是"内参",领导经常参考你同级的意见;下级是"传单",你的名声好坏就是人们口口相传的。

9. 提高效率法

深圳在改革初期有句口号:时间就是金钱,效率就是生命,可见时间和效率的重要。提高效率要着眼于以下几个方面:

第一,简化程序。在日常工作中,打电话能办的事就不碰头,碰头能商量的事就不开会,开会能办的事就少发文。美国一个著名企业家对工作经常有三问:能否取消?能否合并?能否用更简单的办法代替?

第二,立说立行。我们常说,立刻,马上,就是站着能办的事就不要坐下,马上能办的事就不要下马。我们要养成雷厉风行、"今日事今日毕"的习惯。

第三,果断决策。果断决策贵在权衡利弊,两利相权取其重,两害相权取其轻。果断决策贵在吃透情况,调查不够不决策,条件不备不行动。果断决策贵在高瞻远瞩,方案不求完美,主要看长远,看主流,看结果。

第四,敢于放权。财聚人散,财散人聚。同理,权聚人散,权散人聚。敢于放权,人心自来。不放权,看起来是一班人,实际上是一个人。放权的核心是"三下放",即下放信任,下放利益,下放麻烦。领导应该谋大事,管全局,大道至简,悟至天成。

第五,专注一事。认准的事,集中精力,全力以赴,锲而不舍,心无旁骛,一抓到底。今天想抓东,明天想抓西,抓来抓去一事无成。

第六,减少应酬。在日常工作中,要做到三不计较:不计较镜头,不计较票数,不计较礼数。我们要从繁杂的事务中、无休止的接待中抽出身,集中时间,集中精力,抓大事、办要事。

10. 应对小人法

什么是小人?两面三刀者为小人,挑拨离间者为小人,造谣诬陷者为小人,不敢惹、惹不起者为小人。君子报仇十年不晚,小人报仇一天到晚。

对小人的最好态度是"八不",即不理、不争、不辩、不惹、不闻、不问、不批、不斗。小人自有小人害，我不害他为自爱，因为害别人是毁灭自己、相信小人多行不义必自毙。昔日寒山问拾得曰："世间谤我，欺我，辱我，笑我，轻我，贱我，恶我，骗我，如何处置乎？"拾得云："只要忍他，让他，由他，避他，耐他，敬他，不要理他，再待几年你且看他。"

从某种程度上来讲，我们要"感谢"小人，小人是社会的第三只眼睛，他在盯着我们。小人的对立监督，能使我们少犯错误。

当然，在对小人忍无可忍的情况下，要抓住小人的致命要害，拿起法律武器，痛击小人，让小人最后以失败告终。

三、从头到脚说领导

（领导干部修为全集）

做好人难，做好官更难。好官要做到：脑清、心正、耳聪、目明、口讷、鼻敏、胸宽、腰挺、腕硬、拳重、腿勤、脚稳。

第一集　脑清

脑清的基本要求有三条：工作思路清，不办糊涂事，算清舍得账。

第一，工作思路清。主政一个地方或单位要想有所作为，必须首先调查研究，吃透情况，提出清晰而明确的指导思想和工作思路。工作主要抓什么，实现什么目标，心中必须有数。不能糊里糊涂顺从自然，盲人骑瞎马，干到哪算哪，这样，工作永远没有突破。

第二，不办糊涂事。一个人从政一辈子，要想少犯错误，有一条重要原则，即时时保持清醒头脑，不办糊涂事。政治上守住口，经济上不伸手，作风上不丢丑。糊涂人一向顾头不顾尾，做事从来不为自己的后果多想。

第三，算清舍得账。人们常把"舍得"挂在嘴上，可真到舍物出钱、舍力吃苦的时候就缩回去了。说到底，这是常人难以成功的根本所在。聪明人能算清舍得账，他知道舍得舍得，不舍不得，舍的越多，得的越多。老子说，"以其无私，故此成其私"。

第二集　心正

心正的基本要求有三条：做人心眼正，做事讲诚信，做官作风硬。

第一，做人心眼正。心眼正的人总怀一片善心，无论权力有多大，地位有多高，从不借权靠势，去害人、骗人、坑人，一辈子做人规规矩矩，堂堂正正，光明磊落。

第二，做事讲诚信。诚信就是说一是一，说话算数，从不失言。哪怕自己吃亏，只要从自己嘴里说出，就绝不反悔。诚信是自己的最好风水，是自己最硬的底牌。

第三，做官作风硬。正派的人一身正气，团结不拉帮，亲近不结派；任用干部不被感情左右，评价干部不因亲疏偏激；升迁不靠钻营投机，掌权不借权力谋私。

第三集　耳聪

耳聪基本要求有三条：广听纳言，逆耳中听，耳过留心。

第一，广听纳言。兼听则明，偏信则暗。凡有识之士，在重大决策出台之前，非常注重听取多方意见，因他懂得众人是圣人，三个臭皮匠能顶一个诸葛亮。只有独裁者，才一意孤行。

第二，逆耳中听。由于说真话惹人厌，下级一般顺着领导，而将真话憋在肚里，脸上堆满笑容。真话，听的不愿听，说的不敢说，所以十分宝贵。忠言逆耳，乐于倾听刺耳真话，人才不会被蒙蔽。真话难得，敢说真话的多数是自己的挚友和亲人。

第三，耳过留心。下级汇报时，我们要让他把话说完，不要别人刚开口你就打断，自己讲得滔滔不绝。下乡调研，我们要耐心听取基层意见，不要指手画脚，妄加自己的观点，而应放下架子，虚心听取意见，去粗取精，去伪存真，取其精华，为其所用。

第四集　目明

目明的基本要求有三条：有识人的慧眼，有破鬼的厉眼，有料事的法眼。

第一，有识人的慧眼。当领导，识人用人是关键。什么是人才？人才应具备四条，一是心中有德，二是肩上有责，三是眼中有活，四是手中有招。凡是人才要认得清，诚心用，重金留。

第二，有破鬼的厉眼。什么是鬼？政界有三种鬼：薪不高，但特别能花钱的人；不熟悉，但特别能套近乎的人；官不大，但特别能办事的人。凡是这三种鬼，不仅要识破，而且要时时防止上当受骗。

第三，有料事的法眼。世事难料。有智慧的人料事如神，分析判断能力强，有一定的洞察力。什么事能办，什么事不能办，办了以后是什么后果，他看得一清二楚。这种人，能敏锐地发现事物发展规律，能准确地预测事物发展的结果。

第五集　口讷

口讷的基本要求有三条：下级面前慎言，群处时慎言，酒醉后慎言。

第一，五官中除嘴之外都是成双成对的，为什么嘴只有一个，这就是告诉人们要多听、多闻、多看、少说。

第二，下级面前慎言。领导不可信口开河，要言出必行，并做到承诺必须兑现，说到哪，做到哪，否则就会失信于人，一旦失信，说话就会淡如清水，命令就会轻如鸿毛。

第三，群处时慎言。当我们对人有看法时不要轻易表露，尤其在众人面前不能议论别人的缺点。你既要知道"没有不透风的墙"，还要知道"祸从口出"。

第四，酒醉后慎言。酒能引起人的兴奋，兴奋后最容易暴露自己的弱点，甚至在酒场展示自己，炫耀自己。自己觉得非常痛快，殊不知，在场的人闻到的是酒气，看到的是傻气。在酒场上，只要有上级或下级一定要少说话，言多必失。

通过酒场，下级或上级也在看你的作风和为人。

第五，做到慎言，关键在自控，主要是养成少说话的习惯，敏思讷言。古人讲得好，话不多，事不拖，人不作。

第六集　鼻敏

鼻敏的基本要求有三条：政治敏感，辨别是非，吐故纳新。

第一，政治敏感。在大是大非面前，我们一定要政治嗅觉灵敏，赞成什么，反对什么，态度必须旗帜鲜明；不能隐瞒自己的政治观点，更不能随波逐流，人云亦云，不摇摆，不骑墙，坚定地站在正义一边。垒墙不要圆石头，没棱没角立不住。两面三刀耍滑头，政治品德不成熟。

第二，辨别是非。做人做官必须有一把良知的标尺，就是有正确的是非观。我们在工作中做许多事都离不开价值判断，都要讲一个好坏香臭。在是非面前，我们必须要有立场、有看法、有主见，必须分清什么是是，什么是非，不能模棱两可装好人。一个人敢爱敢恨也是一种风格。旗帜越鲜明，旗下越有人。

第三，吐故纳新。一个人觉得自己很完美，但事实上都存在一些毛病和缺点。我们要敢于否定自己，修正错误，要不断学习别人的长处，借鉴别人的经验，取长补短，不断进步。

第七集　胸宽

胸宽的基本要求有三条：从不记仇，借权消怨，挫而不烦。

第一，从不记仇。做人不要斤斤计较，得饶人处且饶人。曾经发生过的误会，产生过的矛盾，过去就过去了，不能一直耿耿于怀。与人相处要学会忘记，忘记别人的种种不好，念人之好，容人之过，扬人之长，避人之短。

第二，借权消怨。有的人掌权后，总想着往日的恩恩怨怨。实际上，一个人在掌权后不仅应该懂得报恩，而且应该消怨。消怨的目的是创造和谐的工作环境。人与人之间相处难免有成见,但要做到,厌恶不结怨,结怨不结仇,仁者无敌。

第三,挫而不馁。人生不顺有八九,遇事不钻牛角尖。人不要祈求路走得太顺,磕磕绊绊才属常态。波浪式前进、螺旋式上升是事物发展的客观规律。人在官场,试问,谁有本事能超脱和超越这个规律?坚强的人,受挫后总是会越挫越勇,他们跌倒后爬起来,拍掉灰尘,擦干眼泪,扎好伤口,鼓足勇气,继续前进。

第八集　腰挺

腰挺的基本要求有三条:以身作则,不谋私利,办事公道。

第一,以身作则。打铁还需自身硬。你要求别人做到的,自己首先必须做到。自己做的不如人,千万不要在人前教训人。喊破嗓子,不如做出样子。率先垂范,其身正,不令而行,榜样的力量是无穷的。

第二,不谋私利。俗话说,拿别人的手短,吃别人的嘴软。领导干部一定不能授人以把柄,进而让别人牵着鼻子走。无私才能无畏,无畏才能压邪。

第三,办事公道。领导干部必须把腰挺得直直的,行得正,坐得端,做事出于公心,不带任何私心杂念,这样做出的事才会得到大家的认可。要想公道,来个颠倒。也就是说,处理事务,解决问题,要站在当事人的立场上多考虑。不管在什么情况下,都要做到向理不向人。好干部的底色就是公道正派。

第九集　腕硬

腕硬的基本要求有三条:见错敢说,见邪敢管,见恶敢斗。

第一,见错敢说。在工作中,领导要对自己严格要求,做到对事不对人。有矛盾不回避,有问题不迁就,有错误不放过,不管是谁,直来直去,有错必纠。

第二,见邪敢管。当领导要有骨头,要做到不怕惹人、主持公道、坚持正义,这样才能压邪气、扶正气,才能保护正派干部,才能让干事的人心情舒畅,让歪风邪气没有市场。

第三,见恶敢斗。当领导干部遇到长期盘踞一方的邪恶势力时,干部们不能回避,不能手软,即使有风险也不能退却,为官避事平生耻。

腕硬来源于领导对事业、对人民的负责和担当,来源于领导自身的作风和本领,来源于领导性格的刚毅和坚韧。

敢说、敢管、敢斗,要注意方法、注意策略、注意政策。

第十集 拳重

拳重的基本要求有三条:推动工作有力度,打开局面有魄力,完成任务有毅力。

第一,推动工作有力度。有作为的领导不论在哪里任职,首先要抓薄弱环节,找突破口,结合实际,实事求是,积极出台有影响、有力度的政策举措,要不惜人力物力,以大手笔不断推出改变本地面貌的大工程和大项目。

第二,打开局面有魄力。有魄力的领导从不因循守旧,安于现状。他敢字当头,敢破常规,敢探险路,敢出硬拳打痛处。所以,改革创新干得风生水起,轰轰烈烈。

第三,完成任务有毅力,有毅力的领导,只要他认准的事,干不成不罢休。在他身上有两股劲:一股是拼劲,一股是韧劲,坚持是他成功又不被人察觉的秘诀。

重拳出击,抓铁有痕,踏石留印,都是讲遇到难事,烫手事,要有迎难而上、攻坚克难、真抓实干的劲头和精神。

第十一集 腿勤

腿勤基本要求有三条:下基层调研,跑现场办公,到外地取经。

第一，下基层调研。当工作没有新思路时，请到基层认真调研，这样新的思路就会出现。当准备开会，想讲点什么又心中没底时，那就请问政基层，深入群众，这样要讲的东西就会了然于胸。

第二，跑现场办公。领导办公有两个地方，一个是办公室，一个是工作现场。我们要解决实际问题，就必须亲自到工作现场。到现场才能直接感受困难，直接看到问题，才能找到解决问题的最有效办法。如果每天坐在办公室听汇报、发指示，纸上谈兵，不接地气，问题就不能及时解决。

第三，到外地取经。外边的世界更精彩。多走出去看看，开阔眼界，增长见识，拓宽思路，他山之石可以攻玉。

第十二集　脚稳

脚稳的基本要求有三条：把根扎下去，一步一个脚印，不急于求成。

第一，把根扎下去。每个优秀的人都有一段沉默的时光，那段时光是付出了很多努力，却得不到结果的日子，我们把它叫作扎根。一个人要想开花结果，必须首先扎根。只有扎根大地才能汲取营养，才能茁壮成长。

第二，一步一个脚印。不图名，不图利，踏踏实实，不说大话，不吹牛皮，从小事做起，从小步迈起，任何人的成功都有这个过程。而这个过程的关键是一步一个脚印，每个脚印都得踩实，走过的地方和单位必须留下足迹，留下业绩，留下好的名声。这样长期走下去，事业才能取得成功。

第三，不急于求成。工作要沉下心，不能浮躁，更不能急于求成，急于求成就会急着办一些不该办的事，不是劳民伤财，就是违背规律。欲速则不达。量变到一定程度就会发生质变。量变是种积累，积累过程中谁都会有一段像儿时学走路一样的经历，那就是边学走路边摔跤，而且走步摔跤往往相伴而行，经验教训也在这个过程中随之积累。否则，脚不稳，路难行。也就是说，在政界，一个人不经过艰难的磨砺，不经过长时间的经验教训积累，就想走捷径急着往上升是不可能的。天上如果掉下馅饼，地上可能就有陷阱。

四、悟语择录

人际关系的黄金定律是，人心换人心，八两换半斤。麻烦换友谊，打扰换感情。

羡慕别人没有用，巴结别人也没有用，祈求别人更没有用，让自己有用才是硬道理。富在深山有远亲，贫居闹市无人问。

垒墙不要圆石头，没棱没角立不住。人生如车，靠方支撑，但还得靠圆前行。

一个人成功至少需要有三个以上的伯乐。一个篱笆三个桩，一个好汉三个帮。如果一个人数不起三个以上的伯乐，不是他记性不好，而是他良心不好。

凡是"舍得"都有"苦、累、痛"三种感觉。人不仅要吃粮、吃菜、吃肉，还得吃苦、吃亏、吃气，粮、菜、肉、苦、亏、气都是营养。

我们既要洞察人性，又要尊重人性；既要彰显人性，又要限制人性，让人性跟着时代向上走，跟着正义法纪走。

机遇是天时，天时有时效性、偶然性、特定性三大特点。地利和人和，是抓机遇的重要条件。

努力的人都有自己的"花期"。三月不开九月开,九月不开十一月开。三月开的是桃花,九月开的是菊花,十一月开的是梅花,是花一样美,是花总要开。

人们每天忙着找你,实质上是在忙着找"椅"。如果坐在"椅"上却做不好你,人们会当面敬"椅",心里恨你;当面怕"椅",背后骂你。

掌声是心声。掌声是参会听众表达的一种特定话语。掌声热烈喊出来的是欢迎或肯定,掌声稀拉表达的是应付或批评。

领导只要当好下属的"后勤部长",下属就会成为领导的"作战部长"。上级主动关心下属,下属会更卖力地办好公事。

给了舞台好唱戏,没有后台换不了装。最可靠的后台还是组织,还是群众。

说真话的都是亲人。亲人有原生亲人和再生亲人。有的领导很少有人敢和他讲真话,敢讲真话的有两种人,一种是领导的家人,一种是领导的挚友。

五官中表现最差的是"耳朵"。眼能分辨美丑,鼻能分辨香臭,口能分辨酸甜苦辣,只有耳朵分辨不了真话假话。

起步早,进步慢,必定中间有磕绊,磕绊原因很简单,不是客观是主观。

干活的牛挨鞭打,偷懒的牛晒太阳。天下没有便宜事。挨鞭打的牛越打越精神,晒太阳的牛越晒越短命。

驴作乱是料作乱,人作乱是钱作乱。金钱如水,缺水,渴死;贪多,淹死。

打死自己的不是别人的"枪",而是自己的"弹"。"枪"是政敌的举报信,"弹"是自己制造并被他人掌握的证据。

为官,尤其握有重权的官均有"三气",脾气、傲气、霸气。有脾气才有威严,有傲气才有傲骨,有霸气才有气场,但要适可而止,过度就是毛病。脾气过大易伤人感情，傲气十足易脱离群众，霸气太盛易遭人嫉恨。

责任是相互的，别躲闪；百姓是真诚的，别欺骗；困难是客观的，别抱怨；成绩是一时的，别傲慢；欲望是无底的，别超越；伸手是危险的，别触"电"；人格是高贵的，别糟践。

领导干部受四只眼睛监督。第一只眼睛是纪律监督，第二只眼睛是法律监督，第三只眼睛是舆论监督，第四只眼睛是对手监督。不要小看小人，小人也有监督作用。

当领导，再好的关系也只能交往不能交易，这是官场交友的基本原则。

人处社会，要下好先手棋。先让才有礼，先敬才有尊，先舍才有得，先退才有进，先下才有上。为什么多数人不成功，因为多数人悟不透"先"字的深刻内涵。

尊重别人就是尊重自己。见人要做到"三先"：先微笑，先握手，先让座。待人要做到"三起"：起身相迎，起茶相待，起坐相送。我们还要做到，乘车出行先让座，照相合影先让中，就餐聚会先让上。

由于三观不同，你看不惯一部分人的所作所为，实际上人那一部分人也看不惯你的所作所为。三观不同，何必强融。

一个人，如果连家庭、亲戚关系都处理不好，试想他怎能处理好复杂的社会关系。在家中如果在姊妹兄弟面前都一点儿亏不吃，试想他与同事、朋友相处又怎能大方？在家中如果游手好闲、好吃懒做，试想他在单位又怎能勤奋工作？在家中如果对子女都要求不严，试想他在单位怎能带好队伍？在家中如果对父母都做不到孝顺，试想他在领导岗位又怎能当好人民公仆？

人最怕信任后的欺骗，付出后的心寒，热情后的冷淡，亲密后的疏远，熟悉后的厌倦，深交后的敷衍。

你混不好，别人看不起你，你干好了，别人看不惯你。嫌你屁的可能是外人，怕你能的往往是身边人。需要防着的绝对不是陌生人，能伤着你的往往是你最熟的人。话虽无情，但却是现实。

检阅人品有四条标准，一看利益前的抉择，二看承诺后的兑现，三看危难时的担当，四看得势后的待人。

人生就是这样，有些人，总是猜不透；有些事，总是想不到；有些道，总是悟不清；有些理，总是讲不通；有些坎，总是跨不过；有些伤，总是治不好；有些夜，总是睡不着；有些地，总是去不了。

拿起容易放下难。放下架子，需要谦卑；放下名利，需要淡泊；放下恩怨，需要忘却；放下伤痛，需要时间。

"三八二十三，人人说我憨，我的卖完了，你的往回担。"天下最硬的一条黄金道理：吃亏其实是在占便宜。

吃亏不是非得损失金钱，不是非得损失颜面，不是非得损失时间，有时可能是一种忍耐、一种微笑、一种沉默、一种态度。

要想成功先发"疯"，头脑简单向前冲。当有人说你是"疯子"的时候，你离成功就不远了。成功必须具备执着的特质，而疯子身上恰恰就具有这种特质。

一天二十四小时，工作八小时，睡觉八小时，吃饭三小时，还剩五小时，对于想干的事，不要说没时间。

大浪淘沙，沙里澄金。优胜劣汰，剩者为胜。人生是场赛跑，坚持到最后的为胜者。在这个世界上，有多少天分败给了努力，又有多少才华输给了坚持。

你说你行你就行，不行也行。如果心里认定自己不行，那成功的概率为零。成功的欲望是成就事业的动力和源泉。心中有梦，就伸手去攀。脚下有台，就用力施展。

进退自如。该说话时,说话是种水平;不该说话时,不说是种城府。该干事时,出手是种能力;不该干事时,回避是种成熟。该靠前时,靠前是种魄力;不该靠前时,退后是一种战术。

官场复杂,只能自己操心。谨记,危险的斗争,不为利益参与;诱惑的"邪路",不为利益前行;复杂的关系,不为利益纠缠;相争的名利,不为利益追逐;公开的对立,不为利益结怨。

领导在使用干部时既要坚持原则,也不能脱离社会实际,如重用一大部分出类拔萃的,照顾一部分资历深厚的,考虑个别不得不用的。

无能的官,无为的吏,占了一些重要位置,导向作用太可怕,混日子的悄悄排成队;无用的话,无用的会,使人感到特别累,无奈应酬跟着转,工作忙碌劲白费;无用的事,无用的忙,无头"苍蝇"乱碰墙,工作重点抓不住,抓住的都是面面光。

摩擦产生感情。在日常生活中,我们与一个毫不相干的人不会产生任何摩擦,当然也不会产生任何感情。凡是感情深厚的关系双方,几乎都是产生摩擦比较多的双方,如夫妻、父子、同事。

人的一生,从某种意义上讲,就是一场自我战争。每个人身上都依附着两个自己。一个是勤奋的自己,一个是懒惰的自己,这两个自己是一对天生不和的兄弟,每天都在争斗,每天都在试图打倒对方。事实上,没有谁能左右胜败,除了你。在与自己的战争中,你就是运筹帷幄的将军。

人最大的敌人是自己。有些人战胜不了自我,战胜不了自己过度的自私和贪婪。由于受到人性、认知、环境的影响,人们对战胜自己总是有一种纠结和痛苦,于是很多时候选择了侥幸和放纵,最后导致自己不得不吞下自己酿造的苦果。

谦虚低调，是一种清净内敛，是人生必须摆正的一种稳重姿态，是自我按捺的一种谦逊言辞，是平易处世的一种和善风格。真正的强者，总是喜欢藏锋守拙，但关键时候他一定会果断出手，因为出手才能解决问题。

宜明则明，宜暗则暗。窗户纸捅破容易，但捅破了可能会惹来许多麻烦。看清一个人又何必去揭穿，讨厌一个人又何必去翻脸。

西方有个著名的"一万小时"成功定律，就是说每天用三个小时，十年时间专注用心研究一件事，结果必然平凡变超凡。中国人讲，"十年磨一剑"，也是同样的道理。

做官最大的迷惑是，下级当面对你点头哈腰，背后却说你非常糟糕。做官最大的遗憾是，在台上，下级对你笑脸相迎；离任后，下级躲着绕着你行。

简单是一种能力，懂得如何简单是种智慧。简单不是头脑简单，而是通过大脑过滤、升华、优化后的简单，是从糊涂中走出来的清醒，是从复杂中走出来的简单。学会简单不简单。

后　　记

《芝麻官直言录》是《芝麻官悟语》的续集，两者的共同特点可以用三个字来概括：悟、实、新。

悟，所写的东西都是个人成长和工作中的感悟，都是从经历的事中悟出来的道理。

实，所写的内容都是真话、实话，都是从实践中证实了的东西。

新，所写的文章不求语言华丽，力求观点新颖，不少文章有耳目一新的感觉。

此书通过两条线和两个渠道来获取素材。两条线，即个人生活经历和工作经历。两个渠道，即自身渠道和他人渠道。他人渠道又来自两个方面：一是我身旁的人。我在阳泉市郊区任区长、区委书记五年期间，分别与两位书记和区长共事。在阳泉市政府担任副市长12年间，近距离接触了四位市长和四位书记。从他们身上，我学到了很多做人、做事、从政的方法，也吸取了一些教训。通过几十年的细心观察和认真思考，尤其是通过自己的亲身实践，我发现和认识到了从政的一些普遍规律，找到了党员领导干部修身的一些途径，研究和总结了党员领导干部的一些思想和工作方法。二是帮我修改文章的人。他们都是我的朋友和同事，且在阳泉本地区都是比较出名的文人。其中有四位担任过县（区）委书记或县长，他们不仅有丰富的工作经验，而且有较高的理论水平。我的书中均渗透着他们的智慧和经验。这本书可以说是集体智慧的结晶。

我退休后有三个忘记，即忘记年龄，忘记疾病，忘记退休。我每天坚持写作两至三个小时，几年来可以说是雷打不动。写书很累，没有耐力是坚持不下来的。我有思想准备，放长时间，慢慢写，不能急，像修大厦一样，先构思，再备料，然后一块砖、一块砖地垒。我最好的写作时间是下午喝茶后，这时头脑比较清醒，写得累了就外出走走。我在走路爬山时还养成了边锻炼边思考的习惯。平时看电视、看书、上网、朋友聚会，只要有所感悟就随笔记录点滴。我外出坐飞机、坐高铁、坐汽车，多年来也一直坚持写东西，从未间断过。充实的退休生活，我感觉很有意义。

　　我写书，并不特别在意有多少人读，更多的是想在写的过程中得到快乐和满足。同时，也想给有相同经历或感受的读者一些文字总结，也希望能为从政、职场或生活中需要帮助的人提供一些有参考价值的信息。退休后，我少了电话，少了应酬，终于能够尽享自由思考的宁静；远离喧闹，远离诱惑，可以随时倾听自己内心的声音，特别是我拥有了充足的时间，来慢慢咀嚼和细细体味过去那峥嵘岁月。时不时产生的这种幸福感伴随着我安度晚年。现在我没有太多要求，只希望能在年逾花甲后找回属于自己的恬静和平凡。

2020 年 9 月 9 日
于山西阳泉